干部 **应知应会** 法律知识精讲系列
封丽霞 / 总主编

民法典
知识精讲

中共中央党校（国家行政学院）政治和法律教研部

刘 锐 王 静 王怡坤 / 著

中央党校出版集团
国家行政学院出版社
NATIONAL ACADEMY OF GOVERNANCE PRESS

图书在版编目（CIP）数据

民法典知识精讲/刘锐，王静，王怡坤著. -- 北京：国家行政学院出版社，2024.5
ISBN 978-7-5150-2894-1

Ⅰ.①民… Ⅱ.①刘…②王…③王… Ⅲ.①民法—法典—基本知识—中国 Ⅳ.① D923.04

中国国家版本馆 CIP 数据核字（2024）第 056743 号

书　　名	民法典知识精讲
	MINFADIAN ZHISHI JINGJIANG
作　　者	刘　锐　王　静　王怡坤　著
统筹策划	刘韫劼
责任编辑	刘韫劼
责任校对	许海利
责任印制	吴　霞
出版发行	国家行政学院出版社
	（北京市海淀区长春桥路 6 号　100089）
综 合 办	（010）68928887
发 行 部	（010）68928866
经　　销	新华书店
印　　刷	北京盛通印刷股份有限公司
版　　次	2024 年 5 月北京第 1 版
印　　次	2024 年 5 月北京第 1 次印刷
开　　本	170 毫米 × 240 毫米　16 开
印　　张	16.25
字　　数	188 千字
定　　价	52.00 元

本书如有印装质量问题，可随时调换，联系电话：（010）68929022

序言

做尊法学法守法用法的模范

为深入贯彻落实习近平法治思想，依据《法治中国建设规划（2020—2025年）》等要求，中央办公厅、国务院办公厅联合印发《关于建立领导干部应知应会党内法规和国家法律清单制度的意见》，对领导干部应知应会党规国法的重点内容进行明确，突出强调领导干部作为全面依法治国的"关键少数"在法治社会建设中的示范带头作用。这对于推动领导干部自觉遵守党规国法、提升运用法治思维履职尽责能力，督促领导干部严于律己、严负其责、严管所辖将产生积极深刻的影响与裨益。

学法懂法是守法用法的基础和前置环节，也应作为领导干部履职从政的必修课。仅有简单的直觉产生不了法治意识，更不可能具有科学性质的法治思维。法律知识是各级领导干部知识体系中的基础内容。这是因为，领导干部具体行使党的执政权和国家立法权、行政权、监察权、司法权。如果不了解国家法律"应知应会"的一般性知识，就根本谈不上依法用权和正确履职，也谈不上运用法治思维和法治方式去化解经济发展和社会治理中的各种难题。

现实当中，尽管依法治国早已被确定为党治国理政的基本方式，但还有一些领导干部仍然不学法、不懂法，甚至是不屑学法，有的连基本法律常识都不知道。习近平总书记指出："在那些违法乱纪、胡作非为的领导干部中，相当多的人是长期不学法、不懂法。许多腐败分子在其忏悔录中都谈到，不知法是自己走向腐败深渊的一个重要原因。各级领导干部或多或少都学过一些法律知识，但同全面推进依法治国的要求相比，还很不够，必须加强学习，打牢依法办事的理论基础和知识基础。要系统学习中国特色社会主义法治理论，准确把握我们党处理法治问题的基本立场。"习近平总书记还强调："法律规定白纸黑字摆在那儿，要多学学、多看看，心中高悬法律的明镜，手中紧握法律的戒尺，知晓为官做事的尺度。法律是行使权力的依据，只有把这个依据掌握住了，才能正确开展工作。"

显然，各级领导干部要真正做到"法无授权不可为"和"法定职责必须为"，就要求领导干部知道有哪些法定职责，哪些可为，哪些不可为，弄明白党内法规和国家法律规定怎么用权，什么事能干、什么事不能干，心中高悬法律法规的明镜，手中紧握法律法规的戒尺，知晓为官做事的尺度，而这些必须通过学法的过程来获得。为此，领导干部必须养成经常"充电"、常规化学习法律知识的习惯，把学习应知应会的党内法规和国家法律作为履职从政的必修课，把学习法律法规作为学习的"新常态"，真正做到先学一步、先学再干。只有掌握了基本的法律法规知识，才能在脑子里绷紧法律底线这根"弦"，才能把宏观抽象的依法治国转变为具体的法治思维和行为方式，才能真正养成依法用权和依法办事的行动自觉。

中央办公厅、国务院办公厅《关于建立领导干部应知应会党内法规和国家法律清单制度的意见》列明了领导干部应当掌握的最基本的国家法律，主要包括认真学习宪法、总体国家安全观和国家安全法、推动高质量发展相关法律、民法典、刑法和公职人员政务处分法、行政法律以及与履职密切相关的其他法律。

第一，宪法是领导干部要认真学习的。宪法是国家的"母法"和根本大法，是法律体系之统帅，具有最高的法律地位、法律效力和法律权威。关于领导干部学习宪法的必要性，习近平总书记专门指出，我们就是在不折不扣贯彻着以宪法为核心的依宪治国、依宪执政，我们依据的是中华人民共和国宪法。每个党政组织、每个领导干部必须服从和遵守宪法法律。因此，作为维护宪法权威和保证宪法实施的最直接责任者，各级党政机关尤其是党政主要领导干部务必学好宪法、学懂宪法、学透宪法。

第二，学习总体国家安全观和国家安全法。国家安全是中华民族复兴的根基，也是推进党和国家各项工作的前提。通过学习保守国家秘密法、网络安全法、生物安全法、突发事件应对法、反恐怖主义法、反间谍法、数据安全法等法律制度，领导干部要增强国家安全意识和素养，统筹发展与安全，提高运用法律武器防范化解重大风险的能力，增强依法斗争本领，把维护国家安全贯彻到党和国家工作的各个方面和全部过程。

第三，学习高质量发展相关法律。高质量发展是全面建设社会主义现代化国家的首要任务，也是当前各地区各部门的工作中心。与之相关的法律主要包括循环经济促进法、乡村振兴促进法、预算法、科学技术进步法、中小企业促进法、外商投资法等，以及与建设现代化产业体系、优化营商环境、全面推进乡村振兴、推进高水平对外开放、实施科教兴国战略、推动绿色发展等相关的法律。通过这方面法律知识的学习，领导干部要坚定以法治为引领推动经济高质量发展的信心与自觉，依法保护民营产权和企业家权益，依法规范和引导资本健康发展，营造市场化、法治化、国际化一流营商环境。

第四，学习民法典。民法典是新中国成立以来我国第一部以法典命名的法律，在中国特色社会主义法律体系中具有重要地位，是一部固根本、稳预期、利长远的基础性法律。民法典颁布之后，中共中央政治局专门就"切实实施民法典"进行集体学习。习近平总书记要求，各级领导干部要做学习、遵守、维护民法典的表率，提高运用民法典维护人民权益、化解矛盾纠纷、促进社会和谐稳定能力和水平。领导干部学习民法典，才能了解政府在维护人民生命健康、财产安全、交易便利、生活幸福、人格尊严等方面的法定职责，更好保障人民合法权益。

第五，学习刑法和公职人员政务处分法。刑法是关于犯罪与刑罚的规范性文件的总称，专门规定犯罪的构成要件、罪名以及刑罚的主要种类。一方面，通过学习刑法，领导干部能够了解和掌握罪刑法定、平等适用、罪责刑相适应等刑法的基本原则，在实践当中既要依法打击犯罪又要依法保障人权。另一方面，学习关于国家工作人员职务犯罪、单位犯罪等方面的刑法规定及公职人员政务处分法，有助于领导干部树立底线思维，不触碰法律红线。

第六，学习行政法。行政法的价值首先在于"限权"，即把公权力关进法律法规所铸就的制度之笼，借此来保证各项权力在法治的轨道上运行。行政法的另一重大价值在于"保民"，即以法律形式规定政府的权限范围，要求政府"法无授权不可为""法定职责必须为"。领导干部应当学习行政诉讼法、行政强制法、行政复议法、行政处罚法、行政许可法、国家赔偿法、公务员法等，从而有效规范行政许可、行政处罚、行政强制、行政裁决等活动，提高依法决策、依法用权的能力。

为落实中央办公厅、国务院办公厅《关于建立领导干部应知应会党内法规和国家法律清单制度的意见》，提高领导干部学习应知应会国家法律的精准性、科学性、系统性、实效性，中央党校（国家行政学院）政治和法律教研部策划并组织撰写了这套"干部应知应会法律知识精讲系列"丛书。本丛书以广大领导干部为主要阅读对象，紧贴领导干部的工作需要，力求集理论性、实践性、可读性于一体。希望这套丛书对于领导干部学习掌握应知应会国家法律，认真践行习近平法治思想有所启发和帮助。

封丽霞

2024年5月

前言
PREFACE

民法源远流长、博大精深。《中华人民共和国民法典》是新中国第一部以"典"命名的法律，也是第一部超过千条、超过10万字的法律，它在我国法律体系中居于基础性地位，是市场经济的基本法。

民法典在中国特色社会主义法律体系中具有重要地位，是一部固根本、稳预期、利长远的基础性法律，对推进全面依法治国、加快建设社会主义法治国家，对发展社会主义市场经济、巩固社会主义基本经济制度，对坚持以人民为中心的发展思想、依法维护人民权益、推动我国人权事业发展，对推进国家治理体系和治理能力现代化，都具有重大意义。

习近平总书记指出，民法典是全面依法治国的重要制度载体，很多规定同有关国家机关直接相关，直接涉及公民和法人的权利义务关系。国家机关履行职责、行使职权必须清楚自身行为和活动的范围和界限。各级党和国家机关开展工作要考虑民法典规定，不能侵犯人民群众享有的合法民事权利，包括人身权利和财产权利。同时，有关政府机关、监察机关、司法机关要依法履行职能、行使职权，保护民事权利不受侵犯、促进民事关系和谐有序。民法典实施水平和效果，是衡量各级党和国家机关履行为人民服务宗旨的重要尺度。民法典实施水平和效果，是衡量各级党和国家机关履行为人民服务宗旨的重要尺度。本书从领导干部履职的角度，重点介绍民法典的基本原则和一些基本制度，以期提高领导干部依法执政、依法行政、依法办案以及依法化解矛盾的能力，加快全面依法治国进程。

　　本书由中共中央党校（国家行政学院）政治和法律教研部的三位民商法老师撰写而成，其中：刘锐教授撰写了第一、二、三、五、七、八、九讲，王静教授撰写了第六讲，王怡坤博士撰写了第四讲。三位老师分别对其他老师撰写部分提出了宝贵修改意见和建议，全书最后由刘锐统稿。

目 录
CONTENTS

第一讲　民法典概说

一　民法的渊源与法典化　/ 002

二　我国民法典的形成过程　/ 005

三　我国民法典的基本结构　/ 009

四　民法典颁行的重大意义　/ 019

第二讲　民法典基本原则

一　学习基本原则的重要意义　/ 028

二　平等原则　/ 032

三　自愿原则　/ 035

四　公平原则　/ 039

五　诚信原则　/ 042

六　守法原则　/ 044

七　公序良俗原则　/ 047

八　绿色原则　/ 049

第三讲　民事主体基本制度

一　自然人　/ 054

二　法人　/ 064

三　非法人组织　/ 072

第四讲　物权基本制度

一　物权和物权法概述　/ 078

二　物权的一般制度　/ 081

三　所有权　/ 088

四　用益物权　/ 102

五　担保物权　/ 112

六　占有制度　/ 121

第五讲　合同基本制度

一　合同的历史　/ 126

二　合同与民事法律行为　/ 128

三　民法典规定的合同制度　/ 135

四　合同的谈判、签订和履行　/ 149

第六讲　人格权基本制度

一　人格权与人格权法的发展　/ 156

二　人格权的主要类型　/ 160

三　人格权的行使与保护　/ 174

第七讲　婚姻家庭继承基本制度

一　婚姻家庭继承基本原则　/ 182

二　结婚离婚基本制度　/ 185

三　主要家庭制度　/ 189

四　收养制度　/ 197

五　继承制度　/ 198

第八讲　侵权责任基本制度

一　侵权归责原则　/ 204

二　侵权损害赔偿责任的判断　/ 210

三　侵权损害赔偿的范围　/ 213

四　特殊侵权责任类型　/ 215

第九讲　民法典规定的时间制度

一　从历史上相关制度看时间对于责任追究的意义　/ 230

二　诉讼时效　/ 232

三　除斥期间　/ 238

四　期间的计算　/ 242

民法典概说

第一讲
CHAPTER

《中华人民共和国民法典》(以下简称《民法典》)由第十三届全国人民代表大会第三次会议于2020年5月28日通过,已自2021年1月1日起施行。本讲介绍民法的渊源与法典化,《民法典》的形成过程、基本结构及其颁行的重大意义,以便干部对民法典有一个概括的认识。

一 民法的渊源与法典化

民法源自罗马法,有悠久的历史。德国著名法学家耶林说:"罗马帝国三次征服世界,第一次靠武力,第二次靠宗教,第三次靠法律,武力因罗马帝国灭亡而消亡,宗教随民众思想觉悟的提高、科学的发展而缩小了影响,唯有法律征服世界是最为持久的征服。"罗马帝国用武力征服世界我们都知道,用宗教征服世界我们很多人也知道,但用法律征服世界很多人不知道。或许有人想问,罗马是怎么用法律征服世界的?

其实,回答这个问题并不难。当今资本主义国家有两大法系,一个是大陆法系(如法、德、意、葡、日、韩等),一个是英美法系(英、美及英国曾经的殖民地)。民法源于罗马法,大陆法系也叫罗马法系,这足以表明罗马法对大陆法系的影响,英美法系也深受罗马法影响。罗马帝国征服世界的法律主要是民法,罗马查士丁尼皇帝时期编纂的《国法大全》,也叫《民法大全》。罗马法之所以能够持久征服世界,不仅在于其精致的制度设计,如《民法典》中规定的居住权制度在罗马法中就有,更在于平等、自由、公平、诚信的民法精神、民法文化。美国学者莫里斯指出,罗马法就是罗马最高文化的代表,它是罗马共和国对于世界文化最大的贡献。

　　罗马帝国崩溃之后，精细的罗马法因很难被其他粗糙的法律所取代而被新统治者继续传播和继受。伴随着文艺复兴，罗马法在意大利出现了复兴，意大利的一些地方也成了欧洲的法律中心，欧洲共同法随之形成。随着民族国家和民族主权观念的出现（意味着政治国家的形成与社会的分离），民族法兴起，但共同法并未完全消失，这也是后来欧陆各国法典化的共同基础。17世纪的欧洲大陆，随着启蒙运动、科技革命，理性主义不断发展，与之相应的便是以自觉设计、构造清晰、内容丰富的法典编纂代替分散凌乱、杂乱无章的单行立法。这一法典化趋势最早发生在丹麦，经法国和普鲁士努力，以1804年《法国民法典》的颁布为标志达到顶峰。

　　1800年，拿破仑主持成立了由四位著名法学家组成的民法典起草委员会。[①]起草委员会经过四个多月的努力，于1801年元旦拿出了草案。据记载，起草委员会先后召开了102次审议该草案的会议，后陆续于1803年2月5日至1804年3月15日分篇章以单行法规的形式颁布。1804年3月21日，拿破仑签署法令，《法国民法典》正式颁布实施。由于拿破仑在编纂民法典过程中所起的重要作用，1807年9月9日民法典被命名为《拿破仑法典》，后恢复称《法国民法典》，1852年又改称《拿破仑法典》，1870年以后正式称为《法国民法典》，但习惯上仍称为《拿破仑法典》。拿破仑对自己亲自主持《法国民法典》的编纂十分自豪，当他被流放在外时，他说："我真正的光荣并非打了40多次胜仗，滑铁卢之战抹去了关于这一切的记忆。但是有一样东西是不会被人忘记

---

　　① 以下关于《法国民法典》的介绍，主要参考何勤华主编《法国法律发达史》，法律出版社2001年版，第221—233页。

的，那就是我的《民法典》。"①《法国民法典》的重要来源之一就是罗马法，特别是《法学阶梯》。1804年《法国民法典》包括总则、3编正文，共36章、2281条。总则是一个简短的序言，只有6条。第1编为"人"法，共11章，主要是关于人法和家庭法的规定。第2编为财产及对于所有权的各种限制，共4章，包括财产分类，所有权，用益权、使用权及居住权，役权或地役权。第3编是取得财产的各种方法，共20章，包括继承、生前赠与及遗嘱、债和契约等。《法国民法典》确立了一系列资产阶级法制原则，如自由和平等原则、私人财产所有权无限制原则、契约自由原则等。美国学者艾伦·沃森指出："在整个大陆法系的历史中，民法典诞生的深远意义，是无与伦比的。（法国）民法典的问世，开辟了一个新纪元，整个大陆法系都因而产生了深刻的变化。的确，在典型的近代形式的民法典面前，先前的法律荡然无存，就连辅助性的作用也谈不上了。"②法国比较法学家勒内·达维德认为："在19世纪，民法典在法国一直被视为核心，是法律的真正心脏。"③

1804年《法国民法典》揭开了近代法典化的序幕，④其与1900年《德国民法典》和1907年《瑞士民法典》，并称"世界三大民法典"。《德国民法典》制定于1896年，1900年1月1日生效。⑤该法典分为总则、物权、债的关系、家庭法和继承法五编，共2385条。截至1998年6月

---

① 何勤华主编《法国法律发达史》，法律出版社2001年版，第223页。
② 艾伦·沃森：《民法法系的演变及形成》，李静冰等译，中国政法大学出版社1992年版，第169页。
③ Rene David, "The Civil Code in France Today," *Louisiana Law Review*, No.34 (1974).
④ 高富平：《民法法典化的历史回顾》，载《华东政法学院学报》1999年第2期。
⑤ 以下关于德国民法典的介绍，主要参考郑冲、贾红梅译《德国民法典》，法律出版社1999年版，译者的话。

29日，它已被修改141次。《德国民法典》结构严谨、规范细密、条理性强，中文译本超过40万字，许多国家在制定自己的民法时都把它作为重要参考文本。

亚洲的日本于1890年制定了旧民法典，1998年颁布了新民法典。20世纪90年代有学者做过不完全统计，世界上包括奥地利、荷兰、意大利、葡萄牙、西班牙、巴西、埃及、韩国、越南、菲律宾等在内的50多个国家和地区有了自己的民法典。

二 我国民法典的形成过程

在我国革命、建设、改革各个历史时期，我们党都高度重视民事法律制定和实施。

早在新中国成立前夕，民法学家陈瑾昆就于1948年在河北省平山县西柏坡村起草了新中国第一部民法草案，但未颁行。1949年2月包括民法在内的国民党《六法全书》被废除。

新中国成立后的第一部法律是1950年《婚姻法》，第二部法律是同年的《土地改革法》，这两部法律都属于民事立法。制定或编纂一部民法典，是新中国几代法律人尤其是民法人的梦想，也是几代中国人的夙愿。新中国成立后至党的十八大以前，曾先后四次启动民法（典）制定工作，分别是1954年、1962年、1979年和2001年，但均未成功。

1954年，诞生不久的全国人大常委会即组建了专门的工作班子，组织起草"中华人民共和国民法典"。经过两年多的艰苦努力，于1956年12月完成了《民法（草稿）》，包括总则、所有权、债和继承4编，共

525条，加上已经公布的婚姻法，实际上为五编制的德国民法典体例。

1962年，毛泽东主席发出指示："刑法需要制定，民法也需要制定。没有法律不行，现在是无法无天。"[①]遵照这一指示，全国人大常委会开始组建班子第二次起草民法典。1964年7月，该班子写出了《中华人民共和国民法（试拟稿）》，包括总则、所有权和财产流转3编，共24章262条。与第一次草案相比，在内容上，不仅错误地将亲属、继承等排除在外，而且又将预算、税收等纳入了法典；在语言上，不仅拒绝使用"权利""义务""所有权""债权""自然人""法人"等法律术语，而且使用了不少类似"高举三面红旗""政治工作是一切经济工作的生命线"等政治口号。

1978年12月中共中央工作会议闭幕会上，邓小平同志作了题为《解放思想，实事求是，团结一致向前看》的报告，提出"为了保障人民民主，必须加强法制"的口号，并明确指出"应该集中力量制定刑法、民法、诉讼法和其他各种必要的法律"。民法典的制定再次被提上议事日程。1979年11月3日，全国人大常委会法制委员会再次组建民法起草小组，经过三年艰苦努力，三易其稿，于1982年5月起草完成《中华人民共和国民法草案（四稿）》，包括任务和基本原则、民事主体、财产所有权、合同、智力成果、继承、民事责任和其他规定共8编、43章、465条。该草案后来因经济体制改革刚刚起步，经济模式没有最后确定等因素终未能提交全国人大常委会审议。之后不久，当时领导全国人大法制委员会立法工作的彭真、习仲勋等同志深入研究后，决定按照"成熟一个通过一个"的工作思路，确定先制定民事单行法律。

---

① 《毛泽东年谱（1949—1976）》第5卷，中央文献出版社2013年版，第94页。

虽然该草案也未最终成为法律，但其后的经济合同法、继承法等单行法及民法通则也都是以其为基础制定的。

在这里，有必要对在新中国民法史具有举足轻重地位的民法通则的制定作一简单的介绍，虽然它仅仅是以民事单行法共同规则的面目出现的。自党的十一届三中全会后第一部民事立法《中外合资经营企业法》（1979年）颁布后，民事单行法大量出现而且规定冲突的矛盾不断暴露。而这恰恰反映了制定民事共同规则的迫切需要。1984年夏，立法机关决定在1982年民法草稿的基础上，删繁就简，起草民法通则草案。1984年10月25日，民法起草小组完成《民法总则（草案初稿）》，共7章83条。1985年8月15日，又完成《民法通则（征求意见稿）》，共8章113条。六届全国人大四次会议于1986年4月12日通过民法通则并于同日公布。《民法通则》分基本原则、公民（自然人）、法人、民事法律行为和代理、民事权利、民事责任、诉讼时效、涉外民事关系的法律适用和附则共9章156条。虽然民法通则不仅在内容上相当单薄，而且在体例编制、逻辑结构等方面也问题不少，但它填补了我国法律体系中长期存在的空白，功不可没。

民法通则的颁布实施，并未终止民法法典化的进程。在民法通则颁布实施后不久，就有学者提出制定民法典的构想。尤其是社会主义市场经济体制的确立、依法治国方略的提出、众多学者卓有成效的理论准备，使得民法典的制定终于被再次提上了议事日程。2001年，九届全国人大常委会组织起草《中华人民共和国民法典（草案）》。2002年末，《中华人民共和国民法典（草案）》正式提交全国人大常委会第三十一次会议审议，草案共9编1209条。这是新中国法制史上条目最多、内容最多的一部法律草案。就内容而言，草案中的合同法、婚姻法、收养法、继承法4编直接采用了当时单行法的规定，而其他5编是在当时既有法律基础上重新起草的。九届全国人大经讨论和研究，仍确定继续采取分别制定单行法的办法推进我国民事法律制度建设。

之后，物权法、侵权责任法等民事单行法相继于2007年、2009年颁布。至此，民事领域的单行法均已出台。党的十八届四中全会在党的中央委员会层面上史无前例地讨论了全面依法治国，会议通过的决定是对全面推进法治中国建设的总体部署，其中将编纂民法典列为重点领域立法中的重中之重。这是中央文件中首次明确提出编纂民法典，毫无疑问，这是一个重要的政治决定，彰显了编纂民法典的极端重要性和极其迫切性。

2015年3月20日，民法典起草工作正式启动。2016年6月14日，习近平总书记主持召开中央政治局常委会会议，听取并原则同意全国人大常委会党组关于民法典编纂工作和民法总则草案几个主要问题的汇报，并作出重要指示，为编纂民法典和制定民法总则提供了重要指导和基本遵循，由此确定民法典由总则编和各分编组成（包括物权编、合同编、人格权编、婚姻家庭编、继承编和侵权责任编）。编纂工作按照"两步走"的思路进行：第一步，编纂民法典总则编；第二步，编纂民法典各分编。

2017年3月15日，十二届全国人大五次会议表决通过《民法总则（草案）》，民法典的开篇之作由此诞生，中国民法典的时代也由此正式开启。2020年5月28日，十三届全国人大三次会议审议通过了《中华人民共和国民法典（草案）》，民法典正式诞生，新中国几代人的夙愿得以实现。

我们常说，"十年磨一剑"，我们的民法典即使从1954年算起，也经过了66年。从文化来看,民法典充分体现了中华优秀传统法律文化,如传统文化中的诚信为本、朋友有信、"民有私约如律令"、尊重风俗习惯等都通过诚信原则、自愿原则和公序良俗原则等体现了出来。

三 我国民法典的基本结构

认识一个城市、一个国家,我们往往从了解它的基本概况、历史和文化开始。学习民法典,首先应了解它的基本概况,从宏观上把握民法典的基本框架结构及其相互关系。民法典是新中国第一部以法典命名的法律,由于别的法律都叫"中华人民共和国××法",只有民法典叫《中华人民共和国民法典》,以至于不少人习惯性地把民法典叫成"民典法"。从历史来看,能够被命名为"法典"的法律,主要有三个特征:一是重要、权威,二是条文多,三是体系性强。民法典显然符合这三个特征。民法典有1260条,不仅是新中国第一部超过1000条的法律,也是新中国第一部超过10万字的法律,要知道,我国很多法律不过一两百条、一两万字。民法典的最后一条,也就是第一千二百六十条规定,民法典生效后,《中华人民共和国婚姻法》《中华人民共和国继承法》《中华人民共和国民法通则》《中华人民共和国收养法》《中华人民共和国担保法》《中华人民共和国合同法》《中华人民共和国物权法》《中华人民共和国侵权责任法》《中华人民共和国民法总则》[①]9部法律同时废止。

---

① 以下均使用简称,如《中华人民共和国民法通则》简称《民法通则》。

面对如此体量的一部法典，有效的认识方法是把握民法典的基本结构，也就是它的主要板块，这既可以避免只见树木、不见森林，也有利于快速找准需要的条文规定。主要板块清楚了，我们就会在相应的板块中找法，而不至于在整部民法典1260条的汪洋大海中盲人摸象。

从形式上看，民法典的主体是7编，分别是总则、物权、合同、人格权、婚姻家庭、继承和侵权责任，这7编也就是民法典的自然板块。总则编主要规定基本原则、民事主体等内容，其他各编的名称本身就表明了各自的内容。在总则编和各分编的关系上，各分编有具体规定的，首先要适用各分编的规定。各分编没有具体规定时，往往要适用总则编的一般规定。因此，如果遇到合同纠纷，先看合同编的规定，遇到继承纠纷，就看继承编，遇到事故纠纷，就看侵权责任编。当然，民法典的总则是管总的，如果分编没有规定，就要看总则的规定。比如一个小学生在学校受伤了，此时如何判断学校的责任呢？首先，事故责任的规定在《民法典》侵权责任编，相关的规定有两条：一条规定无民事行为能力人在学校学习、生活期间受到人身损害的，学校应当承担侵权责任，但是学校能够证明尽到教育、管理职责的，不承担侵权责任；另一条规定限制民事行为能力人在学校学习、生活期间受到人身损害的，学校未尽到教育、管理职责的，应当承担侵权责任。那么什么是无行为能力人，什么又是限制行为能力人呢？要记住，涉及自然人、法人、非法人组织这些主体的规定在民法典总则编。总则编规定，不满八周岁的未成年人为无行为能力人，因此，对于小学生来说，判断他是无行为能力人还是限制行为能力人，就看他是不是已满八周岁，满八周岁就是限制行为能力人。这就意味着，一个不满八周岁的小学生在学校受到伤害的，学校应当承担责任，除非学校能够证明已经尽到教育、管理职责；一个已满八周岁的小学生在学校受到伤害的，除非家长能够证明学校未尽到教育、管理职责，否则学校不承担责任。其实，是不是已满八周岁的差别，根本在于举证责任的不同。另外，民法典的"总一分"结构不仅体现为总则编和各分编，即使每一编内部，甚至每一编内部的每一分编也基本是"总一分"结构。比如，第二编物权的第一分编为通则，第三编合同的第一分编也是通则。因此，在查找民法典具体规定时，需要从具体规定逐级往上找，颇有点行政管理中的"不得越级"的味道。比如，在面对具体租赁合同纠纷时，先从民法典第三编合同第二分编典型合同的第十四章租赁合同找可以适用的法律规定；如果没有具体规定，再从第三编合同第一分编通则找可以适用的具体规定；如果还没有，最后从总则编的法律行为和代理等规定中找可以适用的规定。

从实质来看，民法典的结构大致可以从民事主体制度、民事权利制度、民事行为制度和民事责任制度四个方面去把握，这四大板块是我们根据内容分解的。从市场交换的角度看，市场交换需要交换的主体，交换的对象即权利，交换的工具即合同，交换如果脱离了轨道甚至造成了他人损害要承担责任。民事主体制度主要规定在总则编，即《民法典》总则编第二、三、四章分别规定的自然人、法人和非法人组织。民事权利制度几乎各编都有涉及。民事行为制度主要体现在总则编和合同编。民事责任制度主要规定在总则编、合同编中的违约责任及侵权责任编。了解了民法典的这一结构，对我们快速找到可能对我们解决问题有用的法律规定很有帮助。比如，一个民办教育机构的投资人可不可以转让他的投资，可以在总则编找相关规定；一份合同是否有效，可以结合总则民事法律行为的规定和合同编的规定来作判断；

有关损害赔偿的规定则主要在合同编和侵权责任编。

本书第三讲将专门介绍民事主体制度，第五讲将具体介绍民事行为制度，本讲对民事权利制度、民事责任制度作重点概括介绍。

（一）民事权利制度概述

民事权利，根据不同标准，可作如下划分：

一是人身权与财产权。根据权利客体所体现利益的性质的不同，权利可分为人身权和财产权。人身权包括人格权和身份权。人格是人之所以成为人的要素或条件的总称，主要包括生命、身体、健康、姓名、肖像、自由、名誉、隐私等，以这些人格利益为客体的民事权利便是人格权。身份权是民事主体基于特定身份关系而享有的民事权利，包括亲权、配偶权和亲属权。财产权是以财产为客体的权利，主要的财产权是物权和债权。财产权可以转移，但人格权不得抛弃、不得转让。

二是支配权、请求权、形成权和抗辩权。这是根据权利的作用对权利作的划分。支配权是对于客体直接支配并享受其利益的权利，主要的支配权包括物权、人身权以及知识产权中的人格权和财产权。请求权是得请求他人实施一定给付的权利，包括合同债权、基于亲属权的请求权、物权上的请求权、人身权上的请求权、知识产权上的请求权、违约请求权以及侵权损害赔偿请求权等。形成权是依权利人单方意思表示使既存法律关系发生变化的权利，如法定代理人对于被代理人（被监护人）行为的承认权、撤销权、解除权、抵销权、终止权等。抗辩权是能够阻止相对人所行使的请求权效力的权利，如基于诉讼时效经过的抗辩。

三是绝对权与相对权。这是根据权利的效力范围对权利的划分。绝对权是以权利人之外的一切人为义务人的权利，因而又称为"对世权"。相对权是得请求特定人为一定行为的权利，因其义务人是特定的，因此又称为"对人权"。

四是专属权与非专属权。专属权是只能由其主体享有的权利。人身权是专属权，既不可让与，也不可作为继承的标的。此外，结婚、离婚、收养等权利行使与否只能由权利人决定，他人不得代理或代位行使。非专属权是可由其他人享有的权利。财产权原则上是非专属权，但矿藏、水流等专门属于国家所有。

五是主权利与从权利。主权利与从权利是根据权利是否可以独立存在而作的分类。主权利是相互关联的几项权利中不依赖其他权利而独立存在的权利。从权利是须以主权利的存在为前提的权利。例如在担保之债中，被担保债权是主权利，担保权则是从权利。

民法是权利法，民法典被认为是权利宣言书。其实，民法典不仅宣示权利，还规定了实实在在、丰富多样的权利。认识民法典规定的权利，需把握以下几点：

第一，民法典规定的是民事权利。权利可以划分为宪法权利和民事权利等不同类型。宪法权利属于基本权利，包括自由权与社会权两大类。自由权包括人身自由、政治自由、精神自由、经济自由。自由权又被称为"基本自由"或"免于束缚的自由"，其实现有赖于消极的国家权力行为，出于对抗国家权力侵犯的目的被写入宪法，要求政府"有所不为"。社会权分为工作权、社会安全（保险）权、文化教育权，又被称为"免于匮乏的自由"，要求政府以积极的姿态去保障基本权利的实现，要求政府"有所为"。民法典规定的权利是民事权利。

第二，民法规定的权利包括人身权和财产权两大类。人身权又有人格权和身份权的划分。财产权主要包括物权、债权、知识产权和社员权。其中，知识产权中也有人格权的成分，尤其著作权、继承权是基于身份关系而产生的财产权。人身权和财产权的主要区别在于：人身权一般不可转让、不可抛弃（公权力也不可转让、不可抛弃，二者在这一点上类似），而财产权是可转让、可放弃的权利。正因为如此，市场交换的权利主要是财产权，贩卖人口、买卖器官、买卖血液等为法所不许。

第三，每类权利又包含众多具体权利。民法典明确列举的自然人的人格权包括生命权、身体权、健康权、姓名权、肖像权、名誉权、荣誉权、隐私权、婚姻自主权，法人和非法人组织的人格权包括名称权、名誉权、荣誉权。需要特别强调的是，民法典明确规定的这些人格权被称为特别人格权，民法典对人格的保护不以此为限，其第一百零九条规定的"自然人的人身自由、人格尊严受法律保护"是对自然人人格的概括保护，被称为一般人格权。身份权主要指自然人因婚姻家庭中的身份关系而产生的权利，包括配偶权、监护权、亲属权等。物权的基本分类是所有权、用益物权和担保物权。所有权是财产权中最充分、最完全的权利，具有占有、使用、收益和处分四大权能。所有权之上可以设定用益物权和担保物权，身份平等和意思自治立基于所有权搭建的舞台之上。主要的用益物权有国有土地使用权、集体建设用地使用权、宅基地使用权、农村土地承包经营权、土地经营权、地役权、居住权等；主要的担保物权有抵押、质押和留置。需要特别提醒的是，保证也是一种担保方式，但保证是基于保证人的个人信用而成立的担保，属于人保，担保物权是物保。债的发生根据有四，分别是合同之债、无因管理之债、不当得利之债和侵权行为之债，相应地，债权包括合同债权、无因管理债权、不当得利债权和侵权损害赔偿债权。实践中，最为常见的债权是合同债权和侵权损害赔偿债权。知识产权是年轻的权利类型，主要包括著作权、专利权、商标权、地理标志权、商业秘密权、集成电路布图设计权和植物新品种权等。社员权包括股权、农民专业合作社社员权等具体权利。

第四，民法典对利益的保护不以权利为限。"权"是"利"之壳，"利"是"权"之核。民法所保护者，以权利为重，但不限于权利。实践中存在的未被法律确认为权利类型的重大利益，也可能成为民法保护的对象，典型的如个人信息、数据、网络虚拟财产。正是在这个意义上，我们常说民事权益保护。

第五，在权利的世界需妥当行使权利。今天我们生活的时代是个权利的时代，权利种类越来越多。我们知道，路上行驶的汽车多了，追尾、剐蹭事故就多。权利也是如此，种类越多，发生冲突、摩擦的可能性越大。比如，很多人都有随手拍朋友聚会照片并发微信朋友圈的习惯，但问题是当你拿起手机拍照以及发朋友圈时，你想过没有，你的行为是否可能侵犯他人的肖像权、隐私权？你对照片有著作权，但当你的著作权和他人的肖像权、隐私权发生冲突时，究竟应以何者为重？是否有必要征得他人的同意？

权利的赋予固然重要，权利的保护同样不可或缺。权利受到侵害之后主要是通过公权力救济，如通过诉讼仲裁和强制执行，这是文明发展的必然要求，但民法典依然允许适度的自力救济。自力救济的主要方式包括自卫行为和自助行为，正当防卫和紧急避险属于自卫行为，典型的自助行为就是《民法典》第一千一百七十七条第一款的规定：合法权益受到侵害，情况紧迫且不能及时获得国家机关保护，不立即采取措施将使其合法权益受到难以弥补的损害的，受害人可以在保护自己合法权益的必要范围内采取扣留侵权人的财物等合理措施；但是，应当立即请求有关国家机关处理。

（二）民事责任制度概述

民事责任是指民事主体不履行或者不完全履行民事义务应当承担的不利后果，也就是说民事责任是民事义务不履行或不完全履行才出现的法律后果。一般情况下，民事权利因义务人履行义务而得以实现，民事责任仅仅隐匿在后不需要派上用场。但如果义务人不履行义务或不完全履行义务，以国家强制力为后盾的民事责任就从后台到前台，强制义务人履行义务从而满足民事权利的实现。可以说，民事责任是民事权利实现的潜在或直接保障。

1. 民事责任类型

民事责任根据不同标准，可以划分为不同类型，如违约责任与侵权责任、财产责任与非财产责任、有限责任与无限责任、单独责任与共同责任、按份责任与连带责任等。主要的民事责任类型划分有：

一是违约责任与侵权责任。合同当事人之间违反合同约定，不履行或不完全履行合同义务招致违约责任，而侵犯他人人格权、物权、知识产权等绝对权将可能产生侵权责任。需要强调的是，《民法典》第一百八十五条规定，侵害英雄烈士等的姓名、肖像、名誉、荣誉，损害社会公共利益的，应当承担民事责任。其实，几年前发生的邱少华诉孙杰、加多宝（中国）饮料有限公司一般人格权纠纷案中，[1]法院就以邱少云烈士生前的人格利益仍受法律保护，邱少华作为邱少云的近

---

[1] 根据2016年9月20日新华网等报道及最高人民法院公告典型案例改编，http://www.chinacourt.org/article/detail/2016/10/id/2320407.shtml。

亲属，有权提起诉讼为由，判决孙杰、加多宝公司于判决生效后三日内公开发布赔礼道歉公告，公告须连续刊登五日；孙杰、加多宝公司连带赔偿邱少华精神损害抚慰金1元。最高人民法院在关于该案的"典型意义"中指出，本案是恶意诋毁、侮辱民族英雄和革命先烈，侵害其人格利益的典型案件。这一判决，维护了民族英雄和革命先烈的合法权益，对于以侮辱、诋毁民族英雄和革命先烈的人格为手段，恶意商业炒作获得不法利益的侵权行为，具有鲜明的警示意义。一般情况下，违约责任与侵权责任区分明显，但因当事人一方的违约行为，损害对方人身权益、财产权益的，受损害方有权选择请求其承担违约责任或者侵权责任，这被称为请求权的竞合。典型的例子是乘客因发生交通事故受伤害的，既可以请求违约赔偿，也可以选择侵权损害赔偿，不同的责任方式，受害人的举证责任不同，可能得到的赔偿也有可能不同。

二是有限责任与无限责任。这是财产责任是否以特定财产为限承担责任的划分，典型的有限责任是有限责任公司或股份有限责任公司出资人的有限责任（以出资为限对公司债务承担责任），以及继承人以所得遗产实际价值为限清偿被继承人依法应当缴纳的税款和债务，超过遗产实际价值部分继承人可自愿偿还。合伙企业、独资企业的出资人均对企业债务承担无限责任。

三是单独责任与共同责任。根据责任主体人数的不同，民事责任可以区分为单独责任与共同责任，共同责任即指责任主体为两人或两人以上。共同责任又有按份责任与连带责任之别。按份责任是指不同责任人根据自己责任份额向权利人承担责任，能够确定责任大小的各自承担相应的责任，难以确定责任大小的平均承担责任。连带责任是每个责任人均对权利人承担全部责任，权利人有权请求部分或者全部连带责任人承担责任。需要注意的是，民事责任以按份责任为原则，以连带责任为例外，连带责任只有法律明确规定时方可成立。比如《民法典》第八十三条第二款规定：营利法人的出资人不得滥用法人独立地位和出资人有限责任损害法人债权人的利益；滥用法人独立地位和出资人有限责任，逃避债务，严重损害法人债权人的利益的，应当对法人债务承担连带责任。此外，连带责任是指共同责任人对债权人关系上责任连带，在共同责任人内部，连带责任人的责任份额根据各自责任大小确定，难以确定责任大小的，平均承担责任，实际承担责任超过自己责任份额的连带责任人，有权向其他连带责任人追偿。

2. 民事责任承担方式

《民法典》第一百七十九条规定的承担民事责任的方式主要有：停止侵害，排除妨碍，消除危险，返还财产，恢复原状，修理、重作、更换，继续履行，赔偿损失，支付违约金，消除影响、恢复名誉，赔礼道歉。此外，民法典和消费者权益保护法等法律还规定了惩罚性赔偿，如《民法典》第一千一百八十五条规定，故意侵害他人知识产权，情节严重的，被侵权人有权请求相应的惩罚性赔偿；第一千二百零七条规定，明知产品存在缺陷仍然生产、销售，或者没有依据前条规定采取有效补救措施，造成他人死亡或者健康严重损害的，被侵权人有权请求相应的惩罚性赔偿；第一千二百三十二条规定，侵权人违反法律规定故意污染环境、破坏生态造成严重后果的，被侵权人有权请求相应的惩罚性赔偿。

以上承担民事责任的方式，可以单独适用，也可以合并适用。

3. 民事责任的抗辩事由

面对可能成立的民事责任，主要的抗辩理由有不可抗力、正当防卫、紧急避险、受害人同意等。需要特别强调的有以下几点：一是不可抗力一般情况下是可以免责的正当事由，但法律另有规定的除外，如《民法典》第一千二百三十八条对民用航空器造成他人损害责任的规定中，只规定能够证明损害是因受害人故意造成的不承担责任，而第一千二百三十九条有关易燃、易爆、剧毒、高放射性、强腐蚀性、高致病性等高度危险物造成他人损害责任的规定中，明确规定不可抗力造成的不承担责任。二是正当防卫超过必要的限度，造成不应有的损害的，正当防卫人应当承担适当的民事责任。三是紧急避险采取措施不当或者超过必要的限度，造成不应有的损害的，紧急避险人应当承担适当的民事责任。四是因自愿实施紧急救助行为造成受助人损害的，救助人不承担民事责任。

4. 民事责任与其他责任方式竞合时的处理

民事主体可能因同一行为而同时应承担民事责任和行政责任，或者应同时承担民事责任和刑事责任，甚至应同时承担民事责任和行政责任、刑事责任。如遇此种情况，根据《民法典》第一百八十七条，承担行政责任或者刑事责任不影响承担民事责任，若民事主体的财产不足以支付的，优先用于承担民事责任。

四 民法典颁行的重大意义

习近平总书记指出："要加强民法典重大意义的宣传教育，讲清楚实施好民法典，是坚持以人民为中心、保障人民权益实现和发展的必然要求，是发展社会主义市场经济、巩固社会主义基本经济制度的必然要求，是提高我们党治国理政水平的必然要求。民法典实施水平和效果，是衡量各级党政机关履行为人民服务宗旨的重要尺度。"[①]

（一）从践行党的根本宗旨的高度深刻认识实施好民法典的重大意义

为人民服务，关键是实现好、维护好、发展好人民的根本利益，而人民的根本利益主要体现在民法典所规定的民事权利和利益中。习近平总书记指出，民法典实施水平和效果，是衡量各级党和国家机关履行为人民服务宗旨的重要尺度。

以人民为中心，首先应保障人民权利的实现和发展。民法是权利法，民法典是由人格权、身份权、物权、债权、知识产权、继承权、股权及其他投资性权利等构筑起来的权利大厦，在每一大类权利之中，又包含名称不同、内容各异的众多具体权利，甚至次级权利类型，如物权可再细分为所有权、用益物权和担保物权三类，其中的用益物权又包括国有建设用地使用权、集体建设用地使用权、宅基地使用权、土地承包经营权、土地经营权、居住权和地役权等诸多具体权利。老百姓的根本利益就是通过一个个具体权利的"包装"得以固定、呈现。不了解权利，就无法精准把握老百姓的根本利益所在，为人民服务，实现好、维护好、发展好人民的根本利益就可能成为一句空话；不了解权利，就很难做到尊重权利、不侵犯权利，也就很难指望严格依法

[①]《充分认识颁布实施民法典重大意义 依法更好保障人民合法权益》，《人民日报》2020年5月30日。

行政、依法办事。民法典不仅吸收了既有民事法律中的民事权利，而且根据时代发展需要增加规定了隐私权、居住权、土地经营权等新型权利。

以人民为中心，还应保障民法典规定的利益的实现和发展。人民的根本利益并不以权利为限。民法典在多处使用"权益"一词，表明民法典不仅保护权利，还保护不是权利的重大利益。比如，《民法典》在总则编第五章列举具体人格权之前，在第一百零九条规定"自然人的人身自由、人格尊严受法律保护"，就是强调民法典对人格权的保护不以列举的生命权等具体人格权为限，没有以具体人格权形式保护的人格利益，也在民法典的保护范围之内。事实上，从法律保护的利益到权利往往也是权利成长的过程。

（二）从发展社会主义市场经济、巩固社会主义基本经济制度的高度深刻认识实施好民法典的重大意义

民法典为健全社会主义市场经济体制奠定了坚实的制度基础。市场经济是交换经济，交换需要适格的交换主体、清晰的可交换权利、有效的交换工具和妥当的责任机制，而这些主要是由作为市场经济基本法的民法建构起来的。罗马民法之所以发达，是因为罗马的商品经济比较发达。恩格斯指出，罗马法"包含着资本主义时期的大多数法权关系"[1]，是"商品生产者社会的第一个世界性法律"[2]。民法表达的是商品生产与交换的一般条件，包括社会分工与所有权、身份平等、契

---

[1] 恩格斯：《致卡尔·考茨基（1884年6月26日）》，载《马克思恩格斯全集》第36卷，人民出版社1975年版，第169页。
[2] 恩格斯：《路德维希·费尔巴哈和德国古典哲学的终结》，载《马克思恩格斯全集》第21卷，人民出版社1965年版，第346页。

约自由。民法以平等、自愿、公平、诚信、公序良俗为基本价值指引，以"慈母般的眼神"鼓励意思自治、自由创造和全面发展，又不忘秩序、安全维护和弱者保护，通过主体制度、权利制度、行为制度和责任制度的构建为市场经济运行提供基本遵循。民法典在以往民事规范的基础上，进一步优化了民事主体分类、丰富了民事权利种类、完善了民事交易规则、平衡了民事责任和行为自由，为社会主义市场经济体制的健全提供了良法支撑。

进一步深化市场经济体制改革，关键在于让市场在资源配置中发挥决定性作用和进一步发挥好政府作用。这就需要以民法基本原则为指导，加快自然资源产权制度改革，破除行业垄断、地方保护，净化市场环境，进一步完善宏观调控，夯实统一、开放、竞争、有序的市场体系。在资源配置改革中，一方面，"行政权力退出的空间有多大，民事权利伸展的空间就有多大"，要最大限度地减少政府直接配置资源，让市场起决定性作用；另一方面，要更好发挥政府在资源确权、国有资源产权运行机制改革、资源市场体系建设和产权保护中的重要作用。

社会主义基本经济制度已通过民法典予以固定。《民法典》第二百零六条第一款明确规定："国家坚持和完善公有制为主体、多种所有制经济共同发展，按劳分配为主体、多种分配方式并存，社会主义市场经济体制等社会主义基本经济制度。"这里特别需要强调的是，社会主义市场经济体制本身属于社会主义基本经济制度范畴。

（三）从提高领导干部治国理政能力的高度深刻认识实施好民法典的重大意义

实施好民法典，需要妥当处理权力和权利的关系。权力和权利的关系，既复杂又敏感。从民法的角度视之，权力与权利的关系大致有三类：（1）权利的实现需要权力协助。比如，《民法典》第二百零九条第一款规定："不动产物权的设立、变更、转让和消灭，经依法登记，发生效力；未经登记，不发生效力，但是法律另有规定的除外。"综合民法典其他规定，在我国，房屋所有权转让非经过户登记不发生效力，建设用地使用权、居住权等自登记时才设立。居住权是民法典新规定的物权，从不动产登记的实践来看，由于农房能否设立居住权等重大问题尚未有定论，国家层面相关不动产登记规则至今仍缺位，有些地方开始探索居住权登记，有些地方尚未开展居住权登记。如果不办理居住权登记，居住权是无法实现的。（2）权利需要权力保障、维护。无论是人身权利，还是财产权利，没有强大的公权力提供保障是不行的。如果连起码的人身安全都没有保障，何谈人格权、身份权、财产权？（3）权利是权力的边界，公权力限制私权利是不可避免的，但限制私权利的权力本身也是有限度的。权利需要权力维护、保障，但权力行使不当又会伤及权利，而且与民事主体之间的侵权相比，公权力对私权利的伤害风险更大、影响更坏。

对于领导干部来说，特别需要强调两点。一方面，认真对待权利，明了权力的范围和边界。公权力和私权利之间并不存在"楚河汉界"那样的清晰界限。一定意义上讲，权利就是权力的边界，了解民事权利，有助于知晓权力的边界。认真对待权利，不仅是依法行政的要求，也是对依法立法、依法决策和依法办案的要求。领导干部不仅要认真对待老百姓、企业等的民事权利，也要认真对待国有资产权利。我国是公有制国家，国有资产庞大，从实践看，国有资产流失问题比较严重，国有资产贱卖廉租的问题、国有土地被侵占的问题等都值得关注。

另一方面，认真对待权利并不意味着权利绝对不可限制，但对权利的限制是有原则的、有限度的。权力限制权利的限度主要体现在以下几个方面：一是目的的正当性——公共利益。公共利益是公权力限制私权利的正当理由，也是唯一理由。二是形式的正当性——法定性。对生命权的剥夺、人身自由的限制只能通过法律为之，税种的设立、税率的确定和税收的征管以及对非国有财产的征收征用一般也应通过法律规定，规范性文件不得违法减损公民、法人和其他组织的合法权益或者增加其义务，不得侵犯公民人身权、财产权、人格权等基本权利。2023年初全国人大公布的备案审查指导案例显示，一些地方物业管理条例中（主要是设区的市法规），对未按时缴纳物业服务费、专项维修资金等未履行业主义务的业主，直接剥夺其业主委员会参选资格，或对其参加业主大会、行使投票权等共同管理权的行使作出引导性限制规定。全国人大法工委审查意见指出：业主共同管理权基于民事物权制度产生，是建筑物区分所有权的组成部分，地方物业管理条例可以按照民法典的有关规定对业主大会、业主委员会成立的具体条件和程序作出规定，但无权设立、变更或消灭业主参选业主委员会资格、业主大会参会权和投票权等基于所有权产生的共同管理权。三是程序的正当性——纠纷的可诉性。法律适用中限制权利，应当说明理由和依据，给当事人充分的信息及申辩的机会。权利人对权利的限制不服的，应当允许其通过诉讼等途径得到救济。四是征收征用等情形补偿的正当性——公正补偿。征收征用是对个别人财产权的限制，为了公共利益需要的征收征用不能以牺牲少数人利益为代价。领导干部一定要把握这些公权力限制私权利的基本要求，在诸如传染病防控等活动中涉及限制民事权利时，多问问是否符合公共利益、是否有法律依据、是否履行了正当程序、是否给予了公正补偿，就会平衡好公权力行使和私权利保障之间的关系，从而少犯一些"低级错误"，减少社会矛盾，降低舆情风险。

法网是用权利和义务编织起来的，了解它、识别它应从每一个由权利义务构成的基础单元中去找寻。社会千姿百态，实践千变万化，利益千丝万缕，领导干部如果不能以权利义务为线索去审视、规范纷繁复杂的社会关系，即使千辛万苦也未必名垂青史。权利至上是法治的核心精神，权利是权力的边界。

改革开放40多年的成绩有目共睹，但积累的问题不容忽视。解决这些历史欠账，需要从"剪不断、理还乱"的陈年老账中梳理出权利流向图、义务履行图。真正弄清楚权利的来龙去脉，谁享有权利，谁（包括政府）应当履行义务，以及履行义务的份额。越是面对"糊涂账"，越需要保持清醒。实践表明，对待历史遗留问题，依法办事有时的确有困难，但不依法办事只能使问题更复杂，只能制造更多的问题。

行政执法不可避免地要与老百姓的权利发生关系，严格执法的前提是尊重权利，遵守限制权利的条件、程序，执法过程中常见的"一刀切、一锅煮、一停了之、一关了之"的简单粗暴做法应当避免。

民法典基本原则

第二讲
CHAPTER 2

民法典的基本原则是民法典的精神、灵魂，是贯穿始终的主线。民法典的基本原则有七个，分别是平等、自愿、公平、诚信、守法、公序良俗和绿色。以下先介绍学习这些原则的意义，然后具体介绍各原则。

一　学习基本原则的重要意义

首先，原则是方向。学习民法基本原则，有助于把握人类社会发展的规律和方向，有助于把握民法典配套制度建设及民事纠纷解决等的方向。民法典的原则，是民法典的价值主线和灵魂，就是我们民法立法和法律适用的指南针。历史地看，人类社会发展的过程，就是一个不断追求并实现平等、自由的过程。古代的奴隶地位极其低下。汉朝有公开合法的奴婢市场，奴婢与牛马同栏。据居延汉简记载，小奴一人值一万五千钱，大奴一人相当于二百亩地或八头牛。在古代，不仅允许自己出卖自己的人身自由和劳役，父母亲也可以出卖子女。新中国成立前，还存在贫困农民为生活所迫而卖子押妻的。今天，所有人的人格一律平等，人格不得买卖，器官、血液等也只能捐献。学习原则，有助于把握解决问题的基本方向，避免犯低级错误。几年前，有个朋友向我咨询一个遗产继承问题。他说他好多年没有回老家了，终于利用长假开着自己的豪车回去了一趟，结果发现爷爷的祖宅已经拆迁，叔叔将100万元的拆迁款全部领走，都没有告诉他父亲一声，太欺负人了，因此，他想打官司主张分一半的遗产。我仔细了解了他们家的情况之后，劝他不要打官司。我说，你的账没有算对，你爷爷奶奶不只有2个儿子，还有3个女儿，你爷爷奶奶去世后，他们的5个儿女都有平等的继承遗产的权利，总共100万元的遗产，如果5个子女平分，每人20万元，何况继承时要对照顾老人多的子女多分，也就是说你父亲可能还分不到20万元。再说，打官司需要付律师费，要耗费时间和不少精力，尤其是你不能只算经济账。依我的经验，如果兄弟姐妹之间吵吵闹闹，甚至打一架，过段时间也就和好了；可是如果打官司了，结局不管谁赢谁输，往往老死不相往来。对你的父亲和你来说，你们在大城市生活，条件很好，真的没有必要和农村的兄弟姐妹去争一二十万元的财产，一旦提起诉讼，那个老家可能永远也回不去了。朋友听了我的分析之后，也觉得没有必要打官司，甚至没有必要去争遗产。近一二十年来，因为争夺拆迁补偿款或遗产而引起家庭不和甚至对簿公堂的不少。我认为，是否打官司，不仅要算清经济账，更要考虑感情账，人这一辈子，钱财很重要，父母子女、兄弟姐妹之间的亲情关系更重要。在考虑是否打官司之前，必须全面衡量、反复斟酌，不能一时冲动贸然诉讼，因为开弓没有回头箭。实践中，很多拆迁、遗产纠纷的发生及不能和解，一个主要原因就是很多人依然认为只有儿子有权继承遗产，不知道继承法早都规定继承权男女平等，这是民法平等原则在继承领域的表现。领导干部掌握了民法的基本原则，就不会在规则制定、执法司法及纠纷调处中迷失方向，面对市场主体少一些厚此薄彼，面对"铁链女"[①]少一些无动于衷，面对民间矛盾多一些耐心开导。解决纠纷如此，民事立法亦如此。民法基本原则反映的是民事生活的根本属性和基本规律，是民事立法的指导思想。民法典配套制度建设，要始终以平等、自愿、公平、诚信等民法基本原则为指引。

---

① "铁链女"是指江苏"丰县生育八孩女子"事件。

其次，原则有时就是我们行为的准则，也是法院裁判的依据。2000年前后在北京曾经发生过一起案件，一家房地产开发商销售在建楼盘，远在千里之外的一家公司买了几套，合同约定价款分三期支付，其中一期的付款条件是楼房封顶之日10日之内，否则出卖方有权解除合同并请求违约赔偿。结果等楼房封顶时，北京房价上涨不少，于是开发商有了将房屋高价卖给他人的想法。为了实现这一目的，开发商故意不告诉买方楼房封顶的消息，而是等10天到了之后直接给买方发去解除合同并请求违约赔偿的通知函，同时将房屋又高价卖给第三人。对于开发商的这一举动，买方很不理解，向法院提起了诉讼，要求开发商承担违法解除合同的违约责任。法院经审理认为，虽然合同没有约定楼房封顶的事实由出卖方通知购买方，也没有约定由买方自己发现这一事实，但根据诚信原则，出卖方当然负有这一义务，因此判决开发商没有履行通知义务属违约行为，无权解除合同，应承担违约责任。其实，在合同的谈判、签订、履行，甚至履行之后，都有很多我们无法约定清楚、考虑不周的事项，这时就需要根据诚信原则履行通知、保密、协助等义务。诚信的市场需要诚信的政府，诚信不只是道德教条，更是我们在缺乏规则时的替代行为准则。在民事法律适用方面，作为民法精神的集中体现者，法律原则能够有效解释模糊规定、填补法律漏洞、化解矛盾冲突。"法条有限而人事无穷"，再完备的法律也会有漏洞，这是人类理性有限性和法律滞后性的必然结果；再具体的法律也会有一些抽象概括规定，这是法律稳定性和所需立法技术的必然结果；再缜密的法律也难免规定之间出现矛盾冲突，这或许是法律多种利益平衡的宿命。至于合同约定，也会存在前述法律规定的类似问题，何况合同约定固然周全、完备、事无巨细好，但这会增加谈判成本、贻误时机，结果可能得不偿失。因此，我们一定要学会运用民法原则解释模糊规定、补充法律和合同漏洞、调和法律规定和合同约定冲突。

最后，原则可以开拓我们解决问题的思路。比如，民法以自愿为原则，那就意味着我们只要不触及法律的底线，就可以自主地安排自己的事务，而不是被动按照法律的规定办。同时，既然民法尊重他人意愿，如果遇到欺诈、胁迫等导致意愿不真实而受到损害时，就要通过向法院请求撤销等手段维护自己的权益。再比如，民法坚持公平原则，所以当遇到不公平的结果时，可以寻求法律的救济，而不是被动挨打。实践中，有些合同约定的违约金比较低，还不及造成的损失，有些则过分高，达到甚至超过本金一倍多，显然有违公平。那怎么办呢？其实，法律赋予了受损一方请求法院或仲裁机构予以调整的权利，只是这种调整首先得受损方向法院提出请求。这方面的例子还不少，新冠疫情发生后不久，一个朋友就问我，他的企业经营很困难，没什么收入，但要支付很高的租金和工资，可他又不甘心把企业关掉，该怎么办？我建议他可以找出租方谈谈，让出租方减免一些租金，毕竟疫情是谁都无法预测的，虽然还达不到不可抗力的程度，但也显然不属于商业风险的范围。民法典规定的情势变更制度就是解决此类问题的。事实上，新冠疫情发生后，中央和地方出台了不少类似调整不同主体利益关系的规定，其正当性根据就在于民法的公平原则和此原则之下的情势变更原则。

特别需要指出的是，民法典的颁布，虽然在法律规定的具体化、体系化方面有了长足进展，但必须认识到，我国的民法典只有1260条，10万多字，而200多年前的1804年《法国民法典》有2281条，100多年前的《德国民法典》有2385条，1997年《意大利民法典》有2969条，费安玲和丁玫教授于1997年翻译出版的《意大利民法典》中文字数超过60万字，郑冲和贾红梅于1999年翻译出版的《德国民法典》中文字数超过40万字。因此，我们既要看到此次民法典编纂取得的了不起的成就，也应看到未来民法典的完善和配套制度建设任务之繁重。我们要充分发挥民法基本原则的填补、解释和调和功能，实施好民法典。

世事无穷，原则有限。民法典的条文很多，但原则只有7个，即平等、自愿、公平、诚信、守法、公序良俗、绿色。我们常说大道至简，民法典的每一条基本原则虽然看起来都十分简短，却是民法典的精神、灵魂主线，贯穿于民法典的始终。比如，平等不仅指国有企业与民营企业平等，也指公有产权与私有产权受法律平等保护，还指婚姻男女平等，家庭成员之间平等，夫妻在婚姻家庭中地位平等，夫妻双方平等享有对未成年子女抚养、教育和保护的权利，夫妻对共同财产有平等的处理权，继承权男女平等。自愿不仅表现在契约自由，也表现在婚姻自由、夫妻财产有约定按约定，遗产继承有遗嘱先按遗嘱等方面。我们常说万变不离其"宗"，基本原则就是民法典的"宗"。还是那句话，掌握了基本原则，即使不懂得民法的具体规定，也不会在纷繁复杂的民事生活面前迷失方向，从而不至于犯原则性、方向性或者低级错误。如果说学习民法典有什么捷径的话，那就是学习好其基本原则。

二 平等原则

《民法典》第四条规定："民事主体在民事活动中的法律地位一律平等。"这是民法典对平等原则的规定。

平等是民法最基础、最根本的一项原则，也是民法法律区别于行政、刑事等强制、命令、管理型法律的主要标志，其要义是民事主体在民事活动中的法律地位一律平等，互不隶属、各自独立。即使国家机关，一旦因购买商品等进入民事领域，就是普通市场主体，不能以管理者自居。民法意义上的平等指起点平等、参与机会平等，而非现实的平等、结果平等。平等包括主体平等、权利平等、机会平等。

一部人类社会的发展史，便是对人人平等的追逐史。"所有进步社会的运动，到此处为止，是一个'从身份到契约'的运动"，这是英国法律史学家梅因的名言。罗马人被区分为无人格、有人格，有人格之人的人格还有高低之分。只有享有自由、家长和市民身份的人才具有完整的人格，奴隶不享有人格，妇女、家子也不拥有完整的人格。我国古代的奴婢如同牛马，人被划分为三六九等，等级森严，官民之间不平等，平民百姓之间也不平等。"引礼入法"是中国古代法律的突出特点，礼制强调的便是贵贱有别，亲疏有差。17、18世纪的近代民法逐步确立了法律人格的形式平等。[1]

新中国民事立法不断确立并落实平等原则。新中国第一部法律1950年《婚姻法》第一条就规定，废除包办强迫、男尊女卑、漠视子女利益的封建主义婚姻制度。实行男女婚姻自由、一夫一妻、男女权利平等、保护妇女和子女合法权益的新民主主义婚姻制度。1986年《民法通则》更是将平等确立为民法的第一项基本原则，其第三条规定："当事人在民事活动中的地位平等。"之后的合同法、物权法等法律不断落实平等原则。当然，平等的实现并非易事。物权法制定过程中，

---

[1] 马骏驹、刘卉：《论法律人格内涵的变迁和人格权的发展》，载《法学评论》2002年第1期。

曾经针对物权法草案的平等保护规定，爆发了违宪与否的激烈争论。由于宪法明确规定公有财产神圣不可侵犯，个别学者认为规定平等保护违反宪法规定。最终，《物权法》第三条第三款明确规定，"国家实行社会主义市场经济，保障一切市场主体的平等法律地位和发展权利"，成功终结了这场争论。民法典在吸收物权法这一规定的基础上，进一步增加规定，"国家、集体、私人的物权和其他权利人的物权受法律平等保护，任何组织或者个人不得侵犯"（第二百零七条）。

平等贯穿于民法典始终，具体体现在：民法调整平等主体的自然人、法人和非法人组织之间的人身关系和财产关系（第二条），民事主体在民事活动中的法律地位一律平等（第四条），自然人的民事权利能力一律平等（第十四条），民事主体的财产权利受法律平等保护（第一百一十三条），国家、集体、私人的物权和其他权利人的物权受法律平等保护（第二百零七条），婚姻男女平等（第一千零四十一条第二款），家庭成员应当维护平等、和睦、文明的婚姻家庭关系（第一千零四十三条第二款），夫妻在婚姻家庭中地位平等（第一千零五十五条），夫妻双方平等享有对未成年子女抚养、教育和保护的权利（第一千零五十八条），夫妻对共同财产有平等的处理权（第一千零六十二条第二款），继承权男女平等（第一千一百二十六条）。

平等原则进入法律文本不容易，其实践落实则更难。我们的传统观念和风俗习俗还有不少是与平等原则不吻合甚至相悖的，典型的如"子不教父之过"、"嫁出去的姑娘泼出去的水"，以及家庭当中的大男子主义、孩子教育中的"狼爸虎妈"等。其实，如果按照民法典的规定，不仅继承权男女平等，夫妻在家事处理中地位平等，父母对未成年子女抚养教育保护的权利义务平等，而且家庭成员之间也应当维护平等的家庭关系，子女是和父母一样享有平等权利的民事主体，父母不能像行使所有权一样对成年子女绝对控制。从实践来看，我们在权利的平等保护方面还有很多不足之处。除了我们经常讲的对民营企业产权的保护还需要加强之外，国有产权的保护问题也应当引起重视。我曾去某地方农垦调研，有个农场反映他们农场拥有国有农用地7万多亩，但有2万多亩被当地集体经济组织和农民长期侵占，有些早已办了国有农用地使用权证的土地，有的地方政府部门给集体经济组织或农民再次重复发证。从全国情况看，这种现象还比较普遍。当然，民法强调平等，也重视对未成年人、老年人、妇女、残疾人、消费者，以及中小企业等弱者的实质保护。例如，《民法典》第一千零八十七条第一款规定："离婚时，夫妻的共同财产由双方协议处理；协议不成的，由人民法院根据财产的具体情况，按照照顾子女、女方和无过错方权益的原则判决。"而其他法律法规也有不少类似弱者保护的规定，如2020年9月1日实施的《保障中小企业款项支付条例》对国家机关、事业单位、大型企业等与中小企业交易活动中的款项支付问题作出了明确的、有利于中小企业的严格规定，这与民法的平等原则并不矛盾。另外，《消费者权益保护法》赋予了消费者"无理由退货权"，即经营者采用网络、电视、电话、邮购等方式销售商品，消费者有权自收到商品之日起七日内退货，且无须说明理由。

三 自愿原则

《民法典》第五条规定："民事主体从事民事活动，应当遵循自愿原则，按照自己的意思设立、变更、终止民事法律关系。"该条明确规定了自愿原则。

自愿是民法最核心的原则，指民事主体按照自己的意愿，凭借自身知识、偏好和判断，自主地进行民事活动的基本准则，其要义是自己参与、自己负责，基础是当事人是自己利益的最佳判断者，基本理念是保障和鼓励人们依照自己的意志进行民事活动、参与市场交易，也就是意思自治。意思自治是民事活动和市场经济的活力之源。

自愿原则和平等原则紧密相连，法律地位的平等是自愿的前提。没有平等，就不可能有真正的自愿，自愿是法律地位平等的必然结果。

民法典体现自愿原则最充分的就是契约自由，契约自由包括是否订立合同的自由、和谁订立合同的自由、订立合同具体内容的自由，以及订立合同后双方协商变更、终止或者解除合同。此外，其他各编都有很多体现自愿原则的规定，比如协议确定监护人、成年人在神智健康时通过协议方式为自己选定监护人、物权人自由支配和处分财产、结婚自由、离婚自由、约定夫妻财产、立遗产提前安排遗产的处理等。

活学活用民法典，关键就是要把握好民法典规定的自愿原则，自主安排自己事务。民法典和别的法律不一样，刑法、行政法等法律一般规定不得或禁止做什么事，而民法典是权利法，老百姓自主选择的空间很大。比如，很多年龄比较大的人就想，我就一个孩子，孩子以后可能和我不在一起甚至不在一个城市生活，那我老了谁来照看我？其实，按照民法典规定，类似这种"后事"也可以提前安排，即可以与近亲属、其他愿意担任监护人的个人或者组织事先协商，以书面形式确定自己的监护人，在自己丧失或者部分丧失民事行为能力时，由该监护人履行监护职责。整部民法典有20多个地方规定了"但是当事人另有约定的除外"，如"出租人应当履行租赁物的维修义务，但是当事人另有约定的除外"。这就意味着如果出租方不想承担对租赁物的维修义务，就应在租赁合同中约定承租方负担此义务。此外，民法典的这种"约定优先"还突出表现为夫妻财产和遗产处分方面。夫妻财产有约定的按约定，没有约定的才按照法律规定认定哪些是个人财产、哪些是共同财产。遗产处理有遗嘱的按照遗嘱，没有遗嘱的才按照法定继承办理。立遗嘱时，既可以将遗产直接分配给被继承人或受遗赠人，也可以通过遗嘱设立信托。比如，某富豪有两个儿子，老大善于经营，老二游手好闲，生活浪费。富豪想，如果等他百年之后把所有遗产让两个儿子继承，那老二很快就会挥霍殆尽，到头来连基本的保障都可能没有。考虑到这种情况，富豪决定立遗嘱将部分财产让老大继承，部分财产通过遗嘱设立信托，把老二作为信托受益人，这样就比较好地保障了老二的基本生活。民法尊重民事主体的选择意愿，如果民事主体的意思表示真实且不违法，民法自然乐观其成，如《民法典》第一千零六条第一款规定，完全民事行为能力人有权依法自主决定无偿捐献其人体细胞、人体组织、人体器官、遗体。如果民事主体没有作出相应选择，民法在替民事主体作选择时，也会尽可能地考虑、揣摩民事主体的意愿，至少不得违背民事主体的意愿。例如，《民法典》第一千零六条第三款规定，自然人生前未表示不同意捐献的，该自然人死亡后，其配偶、成年子女、父母可以共同决定捐献，决定捐献应当采用书面形式。也就是说，配偶、成年子女和父母的捐献必须是共同决定，个别人说了不算。民法的自愿原则，体现的是对自主选择的尊重，民法典正是通过合同、婚姻缔结解除、收养、遗嘱遗赠等制度安排，赋予民事主体安排当下及未来生产生活、妥当处理身后事务的有效手段。正是在这个意义上，民法典主要不是用来"守"的，而是应当"活学活用"的。

民法意义上的自愿是没有受到欺诈、胁迫，也没有被乘人之危的真正的自愿，也即《民法典》第一百四十三条所规定的"意思表示真实"。意思表示真实是合同、遗嘱等民事法律行为有效的基本要件，恶意串通、受欺诈、被胁迫或乘人之危而导致意思表示不真实是合同或遗嘱等无效或可撤销的主要原因。民事活动强调自愿，一方面意味着另一方当事人不得强迫、欺诈及施加其他不当影响和压力；另一方面还意味着任何第三方单位和个人，包括政府机关不得干涉当事人的自主行为，让当事人实现"我的地盘我作主"。此外，民法强调的自愿是真正的自愿，因此，当自愿交易的基础不存在时，民法就要强制缔约，如电、水、气、热力领域供应方有强制缔约义务。另外，为了实现特定公共利益，法律也可能规定双方都负有强制缔约义务，如机动车强制责任保险。

当然，自由从来都不是绝对的、无限制的自由，任何自由都是有限度的。民法典虽为权利法，以意思自治为主旋律、主基调，但也有不少义务规定、底线要求，何况自愿参与的另一面就是要自己负责。民法典规定的"自甘冒险"制度即这一精神的典型体现。《民法典》第一千一百七十六条第一款规定："自愿参加具有一定风险的文体活动，因其他参加者的行为受到损害的，受害人不得请求其他参加者承担侵权责任；但是，其他参加者对损害的发生有故意或者重大过失的除外。"这表明，对于"自愿参加"具有一定风险的文体活动而因其他参加者的行为受到损害的，原则上风险自担，即不得向其他参加者请求损害赔偿，除非其他参加者对损害的发生有故意或者重大过失。比如，在宋某祯诉周某身体权纠纷案中，[1]宋某祯、周某均为羽毛球业余爱好

---

[1] 《人民法院贯彻实施民法典典型案例（第一批）》，最高人民法院网站，https://www.court.gov.cn/zixun/xiangqing/347181.html。

者，自2015年起自发参加羽毛球比赛，2020年某日，宋某祯、周某与案外四人在北京某公园内露天场地进行羽毛球3对3比赛。运动中，宋某祯站在发球线位置接对方网前球后，将球回挑到周某方中场，周某迅速杀球进攻，宋某祯直立举拍防守未果，被羽毛球击中右眼。造成宋某祯术后5周余验光提示右眼最佳矫正视力为0.05的伤害后果，宋某祯遂诉至法院，要求周某赔偿医疗费、护理费、住院伙食补助费、营养费等各项费用。本案为全国首例适用《民法典》第一千一百七十六条"自甘冒险"规定作出判决的案件，一审判决以宋某祯自愿参加比赛，将自身置于潜在危险之中，属于自甘冒险的行为，同时以周某不存在重大过失为由驳回宋某祯的全部诉讼请求，上诉后二审法院判决驳回上诉，维持原判。

领导干部理解把握自愿原则，关键在于尊重、"容忍"市场主体的自主选择，要给市场主体更多的机会、更广阔的舞台。"当官不为民作主，不如回家卖红薯"的想法如果从为人民服务的角度理解自然没有问题，但如果"替民作主"那是要不得的。我们不仅要尊重民法赋予民事主体的选择权利，还应当进一步推动制度改革，为市场主体开辟更为宏大的自主选择市场。

四 公平原则

《民法典》第六条规定："民事主体从事民事活动，应当遵循公平原则，合理确定各方的权利和义务。"该条明确规定了公平原则。

公平是正义的道德观在法律上的体现，指民事主体应依据社会公认的公平观念从事民事活动，以维持当事人之间的利益均衡。平等强调起点的平等，公平强调权利义务设定的公平。

法律乃善良和公平的艺术。"公平的概念只有在人与人的关系上才有意义。"[①] 合同约定应当信守，他人财产不可侵犯，伤害他人必须赔偿，见义勇为理应得到支持，这都是公平的应有之义。民法上公平的要义就是妥善确定民事活动中各方的权利和义务，避免天平过分地向某一方当事人倾斜。

公平原则并不简单等同于等价有偿。只要出于真实意愿，无偿赠与也无不可，何况明星的粉丝为了得到心目中的明星的签名照、相关物品或者观看其比赛、演出，而付出在一般人看来超乎寻常甚至离谱的价格。民法就一方给付与对方的对待给付之间是否公平、是否具有等值性的判断，采取的是主观等值原则，即当事人主观上愿以此给付换取对待给付，即为公平合理。至于客观上是否等值，法律一般不去过问。当然，既然强调行为人主观上真实自愿，则该行为人是否有行为能力、是否被欺诈胁迫等就显得尤为重要。

为了促进公平、实现公平，民法典对合同自由作出了不少限制规定。为了防范因缔约双方实力悬殊可能造成的不公平，民法典专门设计了防范"霸王条款"的规定，如第四百九十六条第二款规定，采用格式条款订立合同的，提供格式条款的一方应当遵循公平原则确定当事人之间的权利和义务，并采取合理的方式提示对方注意免除或者减轻其责任等与对方有重大利害关系的条款，按照对方的要求，对该条款予以说明。提供格式条款的一方未履行提示或者说明义务，致使对

[①] 彼得·斯坦等：《西方社会的法律价值》，王献平译，中国人民公安大学出版社1990年版，第78页。

方没有注意或者理解与其有重大利害关系的条款的,对方可以主张该条款不成为合同的内容。并在第四百九十七条、第四百九十八条规定了格式合同无效的情形和对格式合同解释的规则。

基于公平,无偿行为的责任应轻于有偿行为,为此,《民法典》第一千二百一十七条规定,非营运机动车发生交通事故造成无偿搭乘人损害,属于该机动车一方责任的,应当减轻其赔偿责任,但是机动车使用人有故意或者重大过失的除外。

为了纠正已经出现的不公平,民法典赋予了受损一方救济的权利。如一方利用对方处于危困状态、缺乏判断能力等情形,致使民事法律行为成立时显失公平的,受损害方有权请求人民法院或者仲裁机构予以撤销。合同成立后,合同的基础条件发生了当事人在订立合同时无法预见的、不属于商业风险的重大变化,继续履行合同对于当事人一方明显不公平的,受不利影响的当事人可以与对方重新协商;在合理期限内协商不成的,当事人可以请求人民法院或者仲裁机构变更或者解除合同。约定的违约金低于造成的损失的,人民法院或者仲裁机构可以根据当事人的请求予以增加,约定的违约金过分高于造成的损失的,人民法院或者仲裁机构可以根据当事人的请求予以适当减少。

不过,值得注意的是,公平是一个主观性很强的概念,民法强调公平,但对民事交易结果的调整权力予以严格限制,以免对既有交易秩序造成过大冲击,影响当事人预期。典型的例子就是民法典侵权责任编对民法通则侵权公平责任条款的修正。《民法通则》第一百三十二条规定:"当事人对造成损害都没有过错的,可以根据实际情况,由当事人分担民事责任。"这一条规定中的"可以根据实际情况"赋予了法官过大的自由裁量权，司法实践中存在不同程度的滥用。《民法典》第一千一百八十六条在删除"可以根据实际情况"的同时，对双方分担损失增加"依照法律的规定"的限制性条件，从而将侵权公平责任的适用限定在必要的范围内。

五 诚信原则

《民法典》第七条规定："民事主体从事民事活动，应当遵循诚信原则，秉持诚实，恪守承诺。"该条明确规定了诚信原则。

诚信即诚实信用的简称，是指从事民事活动的民事主体在行使权利和履行义务时必须意图诚实、善意，行使权利不侵害他人与社会的利益，履行义务信守承诺和法律规定。

所谓"秉持诚实"，就是要求当事人在民事活动中应当秉持善意，行使权利应当合乎权利所保护的目的，不逾越权利的正当界限。典型的权利滥用情形为：以损害国家利益、社会公共利益、他人合法权益为主要目的行使民事权利。例如，假借订立合同，恶意进行磋商，导致他人丧失商业机会；再如，故意隐瞒与订立合同有关的重要事实或者提供虚假情况；又如，专利权人长期不实施其专利，也不以合理的条件允许具备条件的他人使用其专利等。同样，民事义务的履行，也应当善意而真诚，协力实现权利人所受保护的利益。如果未以诚信的方式履行义务，仍然属于履行不到位。例如，在一起借款纠纷中，总借款额为200万元，合同约定期限届满后如果不能及时偿还，每迟延一日，就应支付未支付款项总额的万分之三的违约金。结果合同到期后，借款人不偿还借款，出借人一催，就通过微信转账方式支付三五百元，或者一二千元，搞得出借人不胜其烦，因为这涉及比较复杂的迟延利息计算问题。为此，出借人专门通知借款人，称如果资金实在紧张，希望隔一段时间支付一个相对大额的数字，可借款人依然我行我素。显然，借款人这样履行义务是不符合诚信原则的。

信守承诺是中华民族的传统美德，也是人类社会共同信奉的基本社会交往准则。子曰："人而无信，不知其可也。"古罗马的法律视合同为"法锁"，解开这把"法锁"的钥匙就是当事人践行自己承诺的行为。犹太人的名言说，契约是衡量一个人道德品质的天平。遵守契约，你获得的将不只是尊重。英国作家乔治·麦克唐纳更是强调"信任是比爱更美好的赞美"。

"诚者自然，信是用力，诚是理，信是心，诚是天道，信是人道，诚是以命言，信是以性言，诚是以道言，信是以德言。"（《性理大全·诚篇》）诚信原则是市场伦理道德准则在民法上的反映。诚实信用是社会交往、商品交易、有效合作的黏合剂，能够有效降低社会交易成本。正是在这个意义上，我们说现代市场经济是信用经济，经济活动的广度和深度在一定程度上取决于社会的诚信程度。

诚信是民法最大的原则，是民事主体行使权利履行义务的基本准则，适用于民法的全部领域。物权变动实行公示公信原则，不动产权利转让的公示方式是登记，而经过登记的物权，即使登记有错误，法律也保护基于登记可信赖性取得物权的善意第三人。合同订立的整个过程都要遵守诚信原则，谈判过程中知悉的对方的商业秘密或者其他应当保密的信息，无论合同是否成立，不得泄露或者不正当地使用；民事主体缔结合同，即使考虑再周全，约定再详细，也不可能做到尽善尽美、滴水不漏，无论合同约定不明条款的解释，还是合同的履行，都可能需要诚信原则的指导；合同终止后，还可能产生基于诚信的相关义务。比如《民法典》第五百五十八条规定："债权债务终止后，当事人应当遵循诚信等原则，根据交易习惯履行通知、协助、保密、旧物回收等义务。"缔结婚姻应当诚实，一方患有重大疾病的，应当在结婚登记前如实告知另一方，否则另一方有权请求撤销婚姻。正是因为高度抽象性和普遍适用性，诚信原则也被称为民法中的"帝王条款"。

六 守法原则

《民法典》第八条规定："民事主体从事民事活动，不得违反法律，不得违背公序良俗。"该条规定了守法原则和公序良俗原则。

守法原则就是指民事主体从事民事活动，不得违反法律。守法是市场主体从事民事活动应当坚守的底线。民法典以权利为重、以自愿为要，但也规定了不少不得触碰的底线。比如监护人被指定后，不得擅自变更；监护人除为维护被监护人利益外，不得处分被监护人的财产，正是因为这一规定，实践中就有父母将房产赠与未成年子女并过户登记后能否再为自己设立居住权的争论；为公益目的成立的非营利法人终止时，不得向出资人、设立人或者会员分配剩余财产；任何组织或者个人需要获取他人个人信息的，应当依法取得并确保信息安全，不得非法收集、使用、加工、传输他人个人信息，不得非法买卖、提供或者公开他人个人信息；禁止包办、买卖婚姻和其他干涉婚姻自由的行为，禁止借婚姻索取财物，禁止重婚，禁止有配偶者与他人同居，禁止家庭暴力，禁止家庭成员间的虐待和遗弃；等等。

守法原则所指的法，不仅指民法，还包括其他法律法规规章，甚至规范性文件。比如，《民法典》第六百八十条规定，禁止高利放贷，借款的利率不得违反国家有关规定。这里的"有关规定"显然还包括司法解释及金融监管等部门的规定。《民法典》第三百六十三条更是规定，宅基地使用权的取得、行使和转让，适用土地管理的法律和国家有关规定。这里将"法律"和"国家有关规定"并列作了规定。

需要注意的是，法律规定有强制性规定和任意性规定之分。所谓强制性规定，是指必须依照法律适用、没有选择余地的规定。如《民法典》第一百四十四条规定，无民事行为能力人实施的民事法律行为无效。第一百五十三条第二款规定，违背公序良俗的民事法律行为无效。所谓任意性规定是指允许民事主体以自己的意愿变更相关内容的法律规定，最典型的就是民法典中含有大量"但是当事人另有约定的除外"的规定。例如，《民法典》第八百三十六条规定，托运人或者收货人不支付运费、保管费或者其他费用的，承运人对相应的运输货物享有留置权，但是当事人另有约定的除外。守法原则要求所守之法是强制性规定。

强制性规定又有效力性强制性规定和管理性强制性规定之别，当事人违反不同类型的强制性规定，产生不同的法律后果。现代社会出于保障人权、维护社会秩序、保障公共利益等不同理由，通过民法，更多的是通过各类公共管理性质的法律、行政法规设定了民事行为的禁区，这些都构成了民事行为的边界。当然，并不是只要违反法律、行政法规的强制性规定，法律行为就无效。《民法典》第一百五十三条规定，违反法律、行政法规的强制性规定的民事法律行为无效，但是，该强制性规定不导致该民事法律行为无效的除外。违反效力性强制性规定的，合同无效，而违反管理性强制性规定的，并不影响合同的效力。实践中，如何区分效力性强制性规定和管理性强制性规定，存在比较大的分歧。2019年最高人民法院发布的《全国法院民商事审判工作会议纪要》指出，人民法院在审理合同纠纷案件时，要依据《民法总则》第一百五十三条第一款和《最高人民法院关于适用〈中华人民共和国合同法〉若干问题的解释（二）》第十四条的规定慎重判断"强制性规定"的性质，特别是要在考量强制性规定所保护的法益类型、违法行为的法律后果以及交易安全保护等因素的基础上认定其性质，并在裁判文书中充分说明理由。下列强制性规定，应当认定为"效力性强制性规定"：强制性规定涉及金融安全、市场秩序、国家宏观政策等公序良俗的；交易标的禁止买卖的，如禁止人体器官、毒品、枪支等买卖；违反特许经营规定的，如场外配资合同；交易方式严重违法的，如违反招投标等竞争性缔约方式订立的合同；交易场所违法的，如在批准的交易场所之外进行期货交易。关于经营范围、交易时间、交易数量等行政管理性质的强制性规定，一般应当认定为"管理性强制性规定"。比如，某公司超越经营范围订立的合同，一般不能否认合同的效力，只是公司超越经营范围的行为可能要受到行政处罚。

值得注意的是，根据前述《全国法院民商事审判工作会议纪要》，违反规章一般情况下不影响合同效力，但该规章的内容涉及金融安全、市场秩序、国家宏观政策等公序良俗的，应当认定合同无效。人民法院在认定规章是否涉及公序良俗时，要在考察规范对象基础上，兼顾监管强度、交易安全保护以及社会影响等方面进行慎重考量，并在裁判文书中进行充分说理。

七 公序良俗原则

如前介绍，《民法典》第八条既规定了守法原则，也规定了公序良俗原则。

公序良俗是公共秩序和善良风俗的合称。公共秩序是指与社会公共利益有关的社会秩序，是指经济、政治、文化、生活等领域的基本秩序。善良风俗通常指社会公认的、良好的、基于社会主流道德观念的习俗，一般也被称为社会公共道德，是社会、国家的存在和发展所必需的一般道德或者基本伦理要求。

在之前的法律中，公序良俗原则被表达为社会公德、社会公共利益、社会经济秩序等不同概念。《民法通则》第七条规定："民事活动应当尊重社会公德，不得损害社会公共利益，扰乱社会经济秩序。"《合同法》第七条规定："当事人订立、履行合同，应当遵守法律、行政法规，尊重社会公德，不得扰乱社会经济秩序，损害社会公共利益。"《物权法》第七条规定，物权的取得和行使，应当遵守法律，尊重社会公德，不得损害公共利益和他人合法权益。社会公共利益和社会经济秩序可以说就是公序，而社会公德则是良俗的集中体现。2017年《民法总则》首次在我国民事立法中采用了公序良俗原则的表述。《民法典》沿用了《民法总则》关于公序良俗的称谓，其第八条规定，民事主体从事民事活动，不得违反法律，不得违背公序良俗。第一百五十三条第二款规定，违背公序良俗的民事法律行为无效。

在现代市场经济社会，公序良俗原则有维护国家社会一般利益及一般道德观念的重要功能。按照《民法典》规定，违背公序良俗的合同、遗嘱等民事法律行为无效，姓名权的设定、使用等不得违背公序良俗。从司法实践来看，最高人民法院2019年发布的《全国法院民商事审判工作会议纪要》明确规定："违反规章一般情况下不影响合同效力，但该规章的内容涉及金融安全、市场秩序、国家宏观政策等公序良俗的，应当认定合同无效。"这里讲的公序良俗显然是指公共秩序意义上的公序良俗。

与守法原则一样，公序良俗原则也是对民事主体意思自治的限制，是法律为民事主体划定的行为红线。林肯曾说："法律是显露的道德，道德是隐藏的法律。""黄、赌、毒"的从业者之间的行为可能完全出于他们的真实意愿，但法律并不认可、更不保护这样的"自愿交易"。救助试图自杀之人，虽然违背了自杀者的意思，但仍为民法所鼓励，因为自杀是违背公序良俗的。

实践中，违反公序良俗的类型主要有：一是违反性伦理和家庭伦理。例如，性交易合同、包养情妇合同、将全部遗产遗留给情妇的遗嘱、约定以不生育子女为条件而进行结婚的协议、断绝父子关系协议。二是极度限制个人自由。比如，卖身为奴，夫妻之间约定不得离婚，否则丧失全部财产并给对方巨额损害赔偿金，在雇用或者劳动合同中约定职工不得结婚或者生育子女。三是赌博以及各种类似于赌博的行为。四是严重违反市场经济基本秩序从而限制正当竞争。五是严重限制营业自由或者职业自由。例如，约定长期的竞业禁止特约。[1]

---

[1] 刘锐、黄福宁、席志国：《民法总则八讲》，人民出版社2017年版，第201—202页。

与守法原则相比，公序良俗原则比较抽象模糊。但正是公序良俗原则的这一特点，使得该原则能够发挥弥补法律禁止性规定之不足、填补法律漏洞的功能。在填补法律漏洞方面，公序良俗原则有点类似诚实信用原则。

八 绿色原则

《民法典》第九条规定："民事主体从事民事活动，应当有利于节约资源、保护生态环境。"这是民法典对绿色原则的规定。

绿色是我国民法典独有的原则，意在回应生态文明对民事立法的要求。民法典关于绿色原则的法律表达是"节约资源、保护生态环境"，此外，民法典在业主权利行使、义务履行、建设用地使用权的设定、商品包装等具体方面提出了绿色的要求，在商品使用期限届满后的回收、环境污染和生态破坏的侵权责任承担方面更是作出了明确规定，甚至要求惩罚性赔偿。如第二百八十六条第一款规定，业主应当遵守法律、法规以及管理规约，相关行为应当符合节约资源、保护生态环境的要求。第三百四十六条规定，设立建设用地使用权，应当符合节约资源、保护生态环境的要求，遵守法律、行政法规关于土地用途的规定，不得损害已经设立的用益物权。第六百二十五条规定，依照法律、行政法规的规定或者按照当事人的约定，标的物在有效使用年限届满后应予回收的，出卖人负有自行或者委托第三人对标的物予以回收的义务。

绿色原则的提出，传承了天地人和、人与自然和谐共生的中华优秀传统文化理念，又体现了新发展理念，与我国是人口大国、需要长期处理好人与资源生态的矛盾这样一个国情相适应。民法典实施以来，已经有不少环境公益的典型案件。

如浮梁县人民检察院诉某化工集团有限公司环境污染民事公益诉讼案，是我国首例适用民法典惩罚性赔偿条款的环境污染民事公益诉讼案件。该案的基本案情是：2018年，被告某化工集团有限公司（以下简称被告公司）生产部经理吴某民将公司生产的硫酸钠废液交由无危险废物处置资质的吴某良处理，吴某良又雇请李某贤将30车共计1124.1吨硫酸钠废液运输到浮梁县寿安镇八角井、浮梁县湘湖镇洞口村的山上倾倒，造成了浮梁县寿安镇八角井周边约8.08亩范围内的环境和浮梁县湘湖镇洞口村洞口组、江村组的地表水和地下水受到污染，影响了浮梁县湘湖镇洞口村约6.6平方公里流域的环境，妨碍了当地1000余名居民的饮用水安全。经鉴定，两处受污染地块的生态环境修复总费用为人民币2168000元，环境功能性损失费用共计人民币57135.45元，并产生检测鉴定费95670元。受污染地浮梁县湘湖镇洞口村采取合理预防、处置措施产生的应急处置费用共计人民币528160.11元。其中，吴某良、吴某民、李某贤等因犯污染环境罪已被另案判处六年六个月至三年二个月不等的有期徒刑。公益诉讼起诉人起诉请求被告公司赔偿相关生态环境损害。生效裁判认为，被告公司的行为符合《民法典》第一千二百三十二条规定的环境侵权惩罚性赔偿适用条件。综合该公司的过错程度、赔偿态度、损害后果、承担责任的经济能力、受到行政处罚等因素，判令其赔偿环境修复费用2168000元、环境功能性损失费用57135.45元、应急处置费用532860.11元、检测鉴定费95670元，并承担环境污染惩罚性赔偿171406.35元，以上共计

3025071.91元；对违法倾倒硫酸钠废液污染环境的行为在国家级新闻媒体上向社会公众赔礼道歉。

在民法典规定的诸原则中，如果说自愿原则是动力装置，那么公平、守法、公序良俗、绿色等民法其他基本原则就是控制和刹车装置，是民事行为的底线要求。即使是在最看重自愿原则的合同法领域，也可以看到有许多自愿原则的例外。

民事主体
基本制度

第三讲
CHAPTER 3

有人说，正是这种通过使财产独立化而产生的限制责任效果，构成了设立法人的本质动机。还有人说，现代社会最伟大的发明就是有限责任公司，即使蒸汽机和电气的发明也略逊一筹。

社会越是发展，民事主体越是多样。我们所熟知的机关、事业单位、基金会、独资企业、合伙企业、有限公司、分公司、农村集体经济组织，这些组织在民法意义上有何不同？法人与非法人组织、营利法人与非营利法人，它们本质的区别是什么？民办学校、民办医疗机构能否转让"股权"？机关法人、集体经济组织法人作为特别法人，它们究竟特别在哪里？了解市场经济，应从认识市场主体制度开始。《民法典》第一编总则的第二章、第三章和第四章分别规定了自然人、法人和非法人组织三类民事主体，下面依次介绍。

一 自然人

自然人是依照自然规律出生的人。出生指离开母体并有生命。自然人的出生时间和死亡时间，以出生证明、死亡证明记载的时间为准；没有出生证明、死亡证明的，以户籍登记或者其他有效身份登记记载的时间为准。有其他证据足以推翻以上记载时间的，以该证据证明的时间为准。

（一）自然人的权利能力

权利能力是能够享有民事权利、承担民事义务的资格。权利能力是人与生俱来的，不得抛弃且不得非法剥夺。自然人从出生时起到死亡时止，具有民事权利能力，依法享有民事权利，承担民事义务，可以当原告，也可以当被告。值得注意的是，出生除了自然出生，还包括"视为出生"，即为了保护胎儿的利益，民法典特别规定："涉及遗产继承、接受赠与等胎儿利益保护的，胎儿视为具有民事权利能力。但是，胎儿娩出时为死体的，其民事权利能力自始不存在。"死亡包括自然死亡和宣告死亡。另外，自然人死亡后，某些权益仍然会得到法律保护，如姓名、肖像、名誉、荣誉、隐私、遗体等，以及著作权中的人格权。对这些权益进行保护，其主要理由不是因为死者具有民事权利能力，而是为了保护其近亲属的利益或出于社会公共利益的需要。不过，也有观点认为，死者虽然不再享有人格权利，但对姓名、肖像等仍有人格利益。

（二）自然人的行为能力

行为能力是自然人能够独立实施依其意思表示内容发生法律效果的行为的能力，包括财产行为能力和身份行为能力。前者如缔约能力，后者如结婚能力和收养能力。行为能力以权利能力为前提，自然人都有权利能力且平等，但行为能力则不同。

民法典根据行为人年龄与智力状况的不同，将自然人的民事行为能力分为三类，即完全民事行为能力、限制民事行为能力和无民事行为能力。十八周岁以上的正常成年人及十六周岁以上不满十八周岁但以自己的劳动收入为主要生活来源者，为完全民事行为能力人。限制民事行为能力人包括八周岁以上的未成年人和不能完全辨认自己行为的成年人，可以独立实施纯获利益的民事法律行为或者与其智力、精神健康状况相适应的民事活动，而依法不能独立进行的民事行为，应由其法定代理人代理，或者征得他的法定代理人的同意后独立进行。不满八周岁的未成年人和不能辨认自己行为的成年人是无民事行为能力人，由他的法定代理人代理民事活动。有这样一个案例。[①] 刘某生于2002年，初中辍学。2018年至2019年，刘某使用父母用于生意资金流转的银行卡，多次向某科技公司账户转账用于打赏直播平台主播，打赏金额近160万元。刘某父母得知后要求退还全部打赏金额，遭到拒绝后诉至法院。法院在审理该案中，多次组织双方当事人调解，最终双方庭外和解，刘某申请撤回起诉，某科技公司自愿返还近160万元打赏款项。本案中，刘某"打赏"时未满十八周岁，花父母大额款项"打赏"主播显然超过其辨识能力，故某科技公司应当退还款项。《最高人民法院关于依法妥善审理涉新冠肺炎疫情民事案件若干问题的指导意见（二）》对未成年人参与网络付费游戏和网络打赏纠纷提供了明确的规则指引。意见明确指出，限制民事行为能力人未经其监护人同意，参与网络付费游戏或者网络直播平台"打赏"等方式支出与其年龄、智力不相适应的款项，监护人请求网络服务提供者返还该款项的，人民法院应予支持。

值得注意的是，以上有关行为能力的介绍，主要指的是自然人的财产行为能力，自然人的身份行为能力可能与之并不完全相同，比如，《民法典》第一千零四十七条规定，结婚年龄男不得早于二十二周岁，女不得早于二十周岁，第一千零九十八条规定的收养人应当具备条件中，其中一项是年满三十周岁，这就意味着结婚行为能力和收养行为能力有别于财产行为能力，并不是说十八周岁的成年人即可结婚或能

---

① 《未成年人司法保护典型案例》，宿松县人民法院网站，http://www.aqssfy.ahcourt.gov.cn/article/detail/2021/09/id/7685118.shtml。

够收养他人。

（三）自然人的住所

自然人的住所，指自然人的中心生活场所。自然人以户籍登记或者其他有效身份登记记载的居所为住所；经常居所与住所不一致的，经常居所视为住所。所谓"经常居住地"，指自然人离开住所后连续居住一年以上的地方，但住院就医的地方除外。自然人的住所，对于决定国籍、享有民事权利、判断诉讼管辖、确定债务履行地与国际私法上的准据法地和遗产继承地等，均有相应的法律效果。例如2021年修正的《民事诉讼法》规定，对公民提起的民事诉讼，由被告住所地人民法院管辖；被告住所地与经常居住地不一致的，由经常居住地人民法院管辖。

（四）监护制度

未成年人的父母是未成年人的监护人。夫妻离婚后，孩子的父母仍都是监护人，与子女共同生活的一方无权取消对方对该子女的监护权，但未与该子女共同生活的一方对该子女有犯罪、虐待行为或者对该子女明显不利等情形的除外。如果未成年人的父母死亡或者失去监护能力，则应按照下列顺序确定其中有监护能力的人担任监护人：（1）祖父母、外祖父母；（2）兄、姐；（3）其他愿意担任监护人的个人或者组织，但是须经未成年人住所地的居民委员会、村民委员会或者民政部门同意。

无民事行为能力或者限制民事行为能力的成年人，由下列有监护能力的人按顺序担任监护人：（1）配偶；（2）父母、子女；（3）其他近亲属；（4）其他愿意担任监护人的个人或者组织，但是须经被监护人住所地的居民委员会、村民委员会或者民政部门同意。

特别需要指出的是，《民法典》确立了"以家庭监护为基础，以社会监护为补充，国家监护兜底"的监护制度体系。没有依法具有监护资格的人的，监护人由民政部门担任，也可以由具备履行监护职责条件的被监护人住所地的居民委员会、村民委员会担任。因发生突发事件等紧急情况，监护人暂时无法履行监护职责，被监护人的生活处于无人照料状态的，被监护人住所地的居民委员会、村民委员会或者民政部门应当为被监护人安排必要的临时生活照料措施。实际上，兜底的监护人是民政部门。可以说，民法典有关民政部门、居民委员会和村民委员会特殊情形监护责任的规定，填补了过去的制度空白，有利于行为能力欠缺之人权益的保护。从民法典实施情况看，已经有不少由民政部门担任监护人的案例。

监护人应当履行监护职责，代理被监护人实施民事活动，保护被监护人的人身、财产及其他合法权益，除为被监护人的利益外，不得处理被监护人的财产。监护人存在实施严重损害被监护人身心健康的行为，或者怠于履行监护职责导致被监护人处于危困状态等情形的，人民法院根据有关个人或者组织的申请，撤销其监护人资格，安排必要的临时监护措施，并按照最有利于被监护人的原则依法指定监护人。这里有权申请撤销监护人资格的个人、组织包括：其他依法具有监护资格的人，居民委员会、村民委员会、学校、医疗机构、妇女联合会、残疾人联合会、未成年人保护组织、依法设立的老年人组织、民政部门等。如果有关个人和民政部门以外的组织未及时向人民法院申请撤销监护人资格的，民政部门应当向人民法院申请。民法典实施后，已经有这方面的典型案例，如广州市黄埔区民政局与陈某金申请变更监护人案。[①]本案的基本案情是：吴某，2010年出生，智力残疾三级。2011年被收养，其养父母于2012年和2014年先后因病死亡，后由其养祖母陈某金作为监护人。陈某金除每月500余元农村养老保险及每年2000余元社区股份分红外，无其他经济收入来源，且陈某金年事已高并有疾病在身。吴某的外祖父母也年事已高亦无经济收入来源。2018年起，陈某金多次向街道和区民政局申请将吴某送往儿童福利机构养育、照料。为妥善做好吴某的后期监护，广州市黄埔区民政局依照民法典相关规定向人民法院申请变更吴某的监护人为民政部门，广州市黄埔区人民检察院出庭支持民政部门的变更申请。生效裁判认为，被监护人吴某为未成年人，且智力残疾三级，养父母均已去世，陈某金作为吴某的养祖母，年事已高并有疾病在身，经济状况较差，已无能力抚养吴某。鉴于陈某金已不适宜继续承担吴某的监护职责，而吴某的外祖父母同样不具备监护能力，且陈某金同意将吴某的监护权变更给广州市黄埔区民政局，将吴某的监护人由陈某金变更为广州市黄埔区民政局不仅符合法律规定，还可以为吴某提供更好的生活、教育环境，更有利于吴某的健康成长。故判决自2021年7月23日起，吴某的监护人由陈某金变更为广州市黄埔区民政局。

还有一则梅河口市儿童福利院与张某柔申请撤销监护人资格案。[②]2021年3月，张某柔在梅河口市某烧烤店内生育一女婴（非婚生，暂无法确认生父），随后将女婴遗弃在某村露天垃圾箱内。当日女婴被发现

---

① 《人民法院贯彻实施民法典典型案例（第一批）》，最高人民法院网站，https://www.court.gov.cn/zixun/xiangqing/347181.html。
② 《人民法院贯彻实施民法典典型案例（第一批）》，最高人民法院网站，https://www.court.gov.cn/zixun/xiangqing/347181.html。

送医，女婴出院后被梅河口市儿童福利院抚养至今，取名"党心"（化名）。张某柔因犯遗弃罪被判刑。由于张某柔不履行抚养义务，其近亲属亦无抚养意愿，梅河口市儿童福利院申请撤销张某柔监护人资格，并申请由该福利院作为党心的监护人，梅河口市人民检察院出庭支持梅河口市儿童福利院的申请。需要思考的问题是：母亲的监护权可以撤销吗？儿童福利院可否作儿童的监护人？根据民法典，父母是未成年子女的监护人。未成年人的父母已经死亡或者没有监护能力的，由下列有监护能力的人按顺序担任监护人：（1）祖父母、外祖父母；（2）兄、姐；（3）其他愿意担任监护人的个人或者组织，但是须经未成年人住所地的居民委员会、村民委员会或者民政部门同意。本案中，党心的母亲被判遗弃罪，有能力但拒绝履行监护人职责，党心的父亲不明，其近亲属也无抚养意愿。因此，如果不撤销其母亲的监护人资格，儿童福利院等组织是无法担任党心的监护人的。同时，《民法典》第三十六条规定了撤销监护人资格的三种情形：（1）实施严重损害被监护人身心健康的行为；（2）怠于履行监护职责，或者无法履行监护职责且拒绝将监护职责部分或者全部委托给他人，导致被监护人处于危困状态；（3）实施严重侵害被监护人合法权益的其他行为。显然，本案中张某柔的行为符合民法典撤销监护人资格的规定。另外，《民法典》第三十六条还规定，有权申请撤销监护人资格的个人和组织包括：其他依法具有监护资格的人、居民委员会、村民委员会、学校、医疗机构、妇女联合会、残疾人联合会、未成年人保护组织、依法设立的老年人组织、民政部门等。如果以上个人和民政部门以外的组织未及时向人民法院申请撤销监护人资格的，民政部门应当向人民法院申请。此外，法院在撤销监护人资格的同时，要安排必要的临时监护措施，并按照最有利于被监护人的原则依法指定监护人。本案中，由于党心出院后一直由儿童福利院抚养，故该福利院申请撤销张某柔的监护人资格并由其作为党心的监护人，梅河口市人民检察院出庭支持梅河口市儿童福利院的申请的情况下，法院依照《民法典》第三十六条规定，撤销张某柔的监护人资格，并指定梅河口市儿童福利院为党心的监护人，符合民法典规定，有利于党心的健康成长。

实践中，还有民政局申请撤销监护人的监护权的案例，比如，某民政局诉刘某监护权纠纷案。2018年，刘某在医院生育一名女婴三日后，便将女婴遗弃在医院女更衣室内。女婴被发现后由民政局下属的某儿童福利院代为抚养。公安局经调查发现刘某还曾在2015年将其所生的一名男婴遗弃在居民楼内。民政局向法院提起诉讼，以刘某犯遗弃罪，已不适合履行监护职责，申请撤销刘某的监护权，民政局愿意承担该女婴的监护责任，指定其下属的某儿童福利院抚养女婴。法院经审理支持了撤销生母监护人资格的请求。同时，综合考虑某儿童福利院代为抚养至今，被监护人生父不明、刘某父母年龄和经济状况、村民委员会的具体情况，由民政部门取得被监护人的监护权，更有利于保护被监护人的生存、医疗、教育等合法权益。最终判决撤销刘某的监护权，指定民政局作为该名女婴的监护人。其后，刘某被法院以遗弃罪判处刑罚。

还有一则某妇联诉胡某、姜某某抚养纠纷案。[1]胡某某（2003年3月6日出生）系胡某与姜某某非婚生女儿，后因胡某与姜某某解除恋爱关系，遂由胡某父母负责抚养。2016年，经西南医科大学附属医院诊

---

[1] 《未成年人司法保护典型案例》，宿松县人民法院网站，http://www.aqssfy.ahcourt.gov.cn/article/detail/2021/09/id/7685118.shtml。

断，胡某某患有抑郁症、分离转换性障碍。胡某、姜某某长期未履行对胡某某的抚养义务，胡某父母年老多病，无力继续照顾胡某某，多次要求户籍所在地的村社、政府解决困难。该地妇联了解情况后，向法院提起诉讼，请求胡某、姜某某全面履行对胡某某的抚养义务。法院经审理认为，本案的适格原告胡某某系限制民事行为能力人，本应由其父母作为法定代理人代为提起诉讼，但胡某某的父母均是本案被告，不能作为其法定代理人参加诉讼。综合考虑二被告的婚姻状况、经济条件和胡某某本人的生活习惯、意愿，判决胡某某由胡某直接抚养，随胡某居住生活；姜某某从2017年6月起每月15日前支付抚养费500元；胡某某的教育费、医疗费实际产生后凭正式票据由胡某、姜某某各承担50%，直至胡某某独立生活时止。[①] 留守儿童的保护问题是一个突出的社会问题。有不少年轻的父母将未成年子女留给年迈的父母一走了之，不管不问，孩子缺乏必要的关爱，有的连基本的生存保障都没有。有不少孩子不仅学习不好，还误入歧途，身心健康严重受损，甚至走上了犯罪道路。本案中，法院参照最高人民法院、最高人民检察院、公安部、民政部联合发布的《关于依法处理监护人侵害未成年人合法权益的意见》的有关精神，探索由妇联组织、未成年人保护组织等机构直接作为原告代未成年人提起诉讼的模式，对于解决父母怠于履行职责的现实问题、保护未成年人具有重要意义。

我们常说民法对人的关怀是从生到死的终极关怀。其实，民法典对人的关怀不仅是从生到死，还包括出生之前的胎儿阶段及死亡之后特定利益的保护。民法典有关胎儿利益的保护前文已介绍，关于死者

---

① 《未成年人司法保护典型案例》，宿松县人民法院网站，http://www.aqssfy.ahcourt.gov.cn/article/detail/2021/09/id/7685118.shtml。

特定利益的保护，《民法典》第九百九十四条规定："死者的姓名、肖像、名誉、荣誉、隐私、遗体等受到侵害的，其配偶、子女、父母有权依法请求行为人承担民事责任；死者没有配偶、子女且父母已经死亡的，其他近亲属有权依法请求行为人承担民事责任。"与《民法通则》相比，《民法典》将无民事行为能力的年龄从"不满十周岁"降低为"不满八周岁"，而且成年无民事行为能力人或限制民事行为能力人的认定不再局限于精神病人，而是涵盖所有不能辨认或者不能完全辨认自己行为的成年人。另外，《民法典》增加了成年人事先通过协议确定自己的监护人的制度，即第三十三条规定："具有完全民事行为能力的成年人，可以与其近亲属、其他愿意担任监护人的个人或者组织事先协商，以书面形式确定自己的监护人，在自己丧失或者部分丧失民事行为能力时，由该监护人履行监护职责。"

值得领导干部注意的是，民法典在监护制度中，规定了居民委员会、村民委员会和民政部门指定监护人、承担临时监护人、担任监护人以及紧急情况监护人无法履行监护职责时对被监护人的照顾义务等职责。此外，领导干部要注意民事行为能力制度在其他制度中的贯彻，如《民法典》第一百九十一条规定，未成年人遭受性侵害的损害赔偿请求权的诉讼时效期间，自受害人年满十八周岁之日起计算。这里之所以规定受害人年满十八周岁之日起计算，就是出于保护未成年人的需要，让其成年之后依然有权对受损的权利进行救济。再如，关于父母离婚时孩子的抚养问题，《民法典》第一千零八十四条第三款规定："离婚后，不满两周岁的子女，以由母亲直接抚养为原则。已满两周岁的子女，父母双方对抚养问题协议不成的，由人民法院根据双方的具体情况，按照最有利于未成年子女的原则判决。子女已满八周岁的，应当尊重其真实意愿。"这里"子女已满八周岁的,应当尊重其真实意愿",体现的就是已满八周岁的未成年人为限制行为能力人,有一定的辨别、判断能力。又如,《民法典》第一千一百四十三条第一款规定,无民事行为能力人或者限制民事行为能力人所立的遗嘱无效。

二 法人

《民法典》第五十七条规定:"法人是具有民事权利能力和民事行为能力,依法独立享有民事权利和承担民事义务的组织。"这是关于法人的定义。《民法典》第一百零二条规定:"非法人组织是不具有法人资格,但是能够依法以自己的名义从事民事活动的组织。"这是关于非法人组织的界定。对比上述关于法人和非法人组织的规定,可以发现法人和非法人组织的最大区别就在于是否能够"独立"享有民事权利和承担民事义务。当然,这里的"独立",指的是在组织和设立该组织的自然人或其他民事主体之间的关系上,新设立的组织是否"独立"。

既然法人需要"独立",法人必须有自己的财产或经费、有自己的名称、组织机构和场所。当然,作为依据法律而产生的组织,必须依法设立。因此,设立法人,一般应具备三个条件,即依法成立,有自己的财产或经费,有自己的名称、组织机构和场所。

从本质上讲,法人就是法律承认的(非自然产生而是由于法律承认,故被称为"法人"),能够完全独立于法人的出资人、设立人、会员等的组织。比如,张三、李四投资设立某有限责任公司,张三、李四和某有限责任公司都是独立的民事主体,张三、李四对其出资设立的有限责任公司的责任以出资额为限，故被称为有限责任公司。而法人则要以其全部财产对其债务独立承担责任。这就意味着，除法律有特别规定外，法人的出资人（设立人或者会员）、组成人员均不对法人的债务承担责任，而法人也不对相关人员的自身债务承担民事责任。法人的独立法律人格意味着这一团体具有民事权利能力和民事行为能力，可以独立享有民事权利和承担民事义务，独立承担民事责任。

法人是团体，这是法人与自然人的根本区别。另外，与自然人在出生前的胎儿阶段也被视为有民事权利能力不同，法人的民事权利能力始于成立、终于终止，设立中的法人没有民事权利能力。同时，自然人的民事行为能力被区分为完全民事行为能力、限制民事行为能力和无民事行为能力，而法人的民事行为能力与民事权利能力同时产生、一同消灭，没有限制行为能力法人或无行为能力法人这一说。

（一）法人的类型

传统上将法人根据不同标准划分为公法人与私法人，社团法人与财团法人，营利法人、公益法人与中间法人，本国法人与外国法人等不同类型。

我们很多人之所以熟悉企业法人、机关法人、事业单位法人、社会团体法人等法人类型，是因为过去的《民法通则》关于法人的划分，有中国法人与外国法人、企业法人和非企业法人。企业法人又依据其所有制性质划分为全民制法人、集体制法人以及涉外法人。非企业法人则划分为机关法人、事业单位法人和社会团体法人。由于《民法通则》制定于改革开放之初的20世纪80年代，《民法通则》之后，农民专业合作社、民法学校、民办医院、基金会等新的法人组织形式不断出现，《民法通则》的法人分类既无法涵盖实践中新出现的法人形式，也不够科学，如按照所有制对企业法人的进一步划分，事实上也与法律发达国家的法人分类不一致。

《民法总则》按照法人设立目的和功能等方面的不同，将法人分为营利法人、非营利法人和特别法人三类。民法典在法人分类上继承了《民法总则》的规定。营利法人是以取得利润并分配给股东等出资人为目的成立的法人，包括有限责任公司、股份有限公司和其他企业法人等，公司是营利法人的主要类型。非营利法人是为公益目的或者其他非营利目的成立，不向出资人、设立人或者会员分配所取得利润的法人，包括事业单位、社会团体、基金会、社会服务机构等。非营利法人并非意味着不能从事营利性活动并获取利润，但囿于其公益目的或者其他非营利目的，故其通过营利性活动获取的利润不得向其出资人、设立人或者会员分配。由此可见，营利法人和非营利法人的根本区别并不在于是否能够从事营利性活动并取得利润，而在于取得利润之后以及在法人终止时能不能向其设立人、出资人、会员等分配利润。特别法人是我国民法总则的创造，民法典予以继受。特别法人具体包括机关法人、农村集体经济组织法人、城镇农村的合作经济组织法人和基层群众性自治组织法人。这些法人大都是具有中国特色的组织团体。之前，除机关法人由《民法通则》赋予了法人地位，农民专业合作社由《农民专业合作社法》赋予了法人地位外，这些我国特有的组织团体大都没有明确的法人地位。

以上法人分类的考量因素，主要有三个：一是营利性和非营利性能够反映法人之间的根本差异，传承了《民法通则》按照企业和非企业进行分类的基本思路，比较符合我国的立法习惯。二是将非营利性法人作为一类，既能涵盖事业单位法人、社会团体法人等传统法人形式，还能够涵盖基金会和社会服务机构等新法人形式。三是适应改革社会组织管理制度、促进社会组织健康有序发展的要求，创设非营利性法人类别，有利于健全社会组织法人治理结构，有利于加强对这类组织的引导和规范，促进社会治理创新。[1]

值得注意的是，我国实践中的民办学校既有营利性的，也有非营利性的。另外，机关法人、农村集体经济组织法人、城镇农村的合作经济组织法人、基层群众性自治组织法人这四种法人，既不同于营利法人，也不同于非营利法人，因此归入特别法人类型。比如农村的集体经济组织法人，其最初入社的成员很多已经不在人世，如今的成员可能对集体经济组织并无实质性贡献，但法律依然保护这些成员的利益。同时，农村经济集体组织的成员享有类似股东的收益分配、重大决策等权利，但无论如何不能共同决定解散集体经济组织，从而搞土地的私有化。民法典赋予这些组织以法人资格，目的在于方便这些组织参与民事活动，保护其自身及其成员的合法权益，同时也保护与这些组织建立民事法律关系的相对人的合法权益。

（二）法人的内部治理机制

不同类型的法人，内部治理机制有所不同，但也有共同之处。民法典对法人内部治理机制的一般性制度安排主要有：

第一，法人章程。《民法典》第七十九条、第九十一条和第九十三条规定，设立营利法人、社会团体法人、捐助法人都应当依法制定法

---

[1] 《关于〈中华人民共和国民法总则（草案）〉的说明》，中国人大网，http://www.npc.gov.cn/zgrdw/npc/lfzt/rlyw/2016-07/05/content_1993422.htm。

人章程。章程是一个法人的根本大纲，界定了法人组织和活动的基本要求，明确了诸如法人的性质、宗旨、经营或者活动范围、组织机构、议事规则、权利义务分配等，构成法人实施内部管理和开展对外活动的基本准则。例如，根据《公司法》第二十五条，有限责任公司章程应当载明公司名称和住所，经营范围，公司注册资本，股东的姓名或者名称，股东的出资方式、出资额和出资时间，公司的机构及其产生办法、职权、议事规则，公司法定代表人，以及股东会会议认为需要规定的其他事项。章程是法人设立的必备文件，也是法人设立和运作的根本遵循。

第二，内部组织架构。科学的内部组织架构是保障法人治理高效运转的基础。法人治理的历史经验表明，分权与制衡是改进法人治理的基本路径，也就是说典型的法人治理结构框架由权力机构、执行机构和监督机构构成。就营利法人而言，其权力机构通常为出资人大会（如有限责任公司和股份有限公司的权力机构为股东会），权力机构行使修改法人章程，选举或者更换执行机构、监督机构成员，以及法人章程规定的其他职权。营利法人的执行机构为董事会或者董事等，主要行使召集权力机构会议，决定法人的经营计划和投资方案，决定法人内部管理机构的设置，以及法人章程规定的其他职权。营利法人的监督机构为监事会或者监事等，监督机构依法行使检查法人财务，监督执行机构成员、高级管理人员执行法人职务的行为，以及法人章程规定的其他职权。对于捐助法人，民法典同样按照决策、执行和监督分开的规范路径，明确捐助法人应当设理事会、民主管理组织等决策机构，并设执行机构，以及监事会等监督机构。对于社会团体法人，民法典只规定社会团体法人应当设会员大会或者会员代表大会等权力机构，以及设理事会等执行机构，没有强调需设立单独的监督机构。

第三，出资人、设立人或者会员的权利。法人的内部治理机制还包括合理界定法人与出资人、设立人或者会员的权利义务，既要保障其合法权益，也要防止出资人、设立人或者会员妨碍或者损害法人的利益。法人的出资人、设立人或者会员的权利根据法人类型的不同而有所差异。营利法人的出资人的权利相较而言最为全面。主要包括：（1）参与经营管理权；（2）选择、监督管理者权；（3）知情权；（4）撤销权；（5）资产收益权；（6）剩余财产分配权。当然，出资人的权利不得滥用。与营利法人的出资人相比，社会团体法人的成员不享有资产收益权，而捐助法人的捐助人既不享有参与经营管理权，也不享有资产收益权和剩余财产分配权。不过，民法典特别强调了捐助人的知情权，明确捐助人有权向捐助法人查询捐助财产的使用、管理情况，并提出意见和建议，捐助法人应当及时、如实答复。

关于特别法人的内部治理机制，一方面，民法典规定的各类特别法人的性质特殊，设立依据和目的也有较大差异，因此，民法典没有作出统一规定。另一方面，特别法人的内部治理机制有的已有法律法规规定，如村民委员会和居民委员会有相应的组织法规范；有的还没有法律法规具体规定，如集体经济组织法人，农村集体经济组织法正在制定中。

（三）法人的外部意思表达机制

根据民法典，法人的法定代表人依照法律或者法人章程规定，代表法人从事民事活动，其法律后果（权利、义务和责任）由法人承受。法定代表人代表法人从事民事活动，但法定代表人不是法人，实践中有不少人将法定代表人称为"法人"，这是不准确的。

根据民法典，营利法人执行机构为董事会或者执行董事的，董事长、执行董事或者经理按照法人章程的规定担任法定代表人；未设董事会或者执行董事的，法人章程规定的主要负责人为其执行机构和法定代表人。社会团体法人，由理事长或者会长等负责人按照法人章程的规定担任法定代表人。捐助法人，由理事长等负责人按照法人章程的规定担任法定代表人。事业单位法人的法定代表人依照法律、行政法规或者法人章程的规定产生。

（四）法人的终止

自然人的生命终会结束，法人理论上可长生不老，百年老字号并不少见，我们熟知的西门子公司已有177年的历史，但大多数公司的生命并不比自然人长。日本有句俗话说："一家公司的生命只有三十年，过了三十年便开始没落。"与自然人的生命终止往往不好预测不同，法人的终止相对可控，更应当在有序安排下体面离场，因为法人的终止往往影响到职工、债权人、投资人等众多主体的利益，有时甚至影响到经济、金融秩序。

法人终止的原因主要包括法人解散和法人被宣告破产。法人的解散包括自愿解散和非自愿解散。自愿解散的情形有法人章程规定的存续期间届满或者法人章程规定的其他解散事由出现，或者法人的权力机构决议解散，或者法人合并或分立需要解散。非自愿解散主要是指法人依法被吊销营业执照、登记证书，被责令关闭或者被撤销，因而需要解散。关于法人破产，目前我国只有《企业破产法》对企业法人破产作了规定。该法第二条第一款规定，企业法人不能清偿到期债务，并且资产不足以清偿全部债务或者明显缺乏清偿能力的，依照本法规定清理债务。

为了公正保障职工、债权人及投资人等主体的利益，法人终止除合并、分立等少数情形外，都需要在终止前依法进行清算。而清算义务人为法人的董事、理事等执行机构或者决策机构的成员（根据新公司法，有限责任公司和股份有限责任公司的清算义务人为公司董事）。如果法人的清算义务人未及时履行清算义务，可能承担损害赔偿责任。实践中，有些公司主要投资人（往往同时为公司高管）在经营失败的情况下，未经清算直接注销公司并一走了之。其实，这种做法很不明智。本来公司是有限责任，只要投资人履行了出资义务、公司依法清算，即使资不抵债，也不至于城门失火殃及池鱼，毕竟法人独立责任意味着在投资人和法人之间有一道防火墙。如果公司资不抵债，可依法破产清算。然而，如果未经清算即注销登记，清算义务人可能要承担连带责任，而且这种责任可能不再"有限"。

法人清算后的剩余财产，根据法人章程的规定或者法人权力机构的决议处理。法律另有规定的，依照其规定。但是，为公益目的成立的非营利法人终止时，不得向出资人、设立人或者会员分配剩余财产。剩余财产应当按照法人章程的规定或者权力机构的决议用于公益目的；无法按照法人章程的规定或者权力机构的决议处理的，由主管机关主持转给宗旨相同或者相近的法人，并向社会公告。

清算结束并完成法人注销登记时，法人终止；依法不需要办理法人注销登记的，清算结束时，法人终止。需要注意的是，实践中经常出现企业被吊销法人营业执照的情况，但吊销法人营业执照并不意味着法人消灭。另外，法人被宣告破产也不表明法人终止，《民法典》第七十三条规定："法人被宣告破产的，依法进行破产清算并完成法人注销登记时，法人终止。"

三 非法人组织

非法人组织，即非法人的组织，是介于自然人和法人之间的一种组织，虽不具有法人资格，但是能够依法以自己的名义从事民事活动的组织，也被称为非法人团体。非法人组织也是依法成立的合法组织，不是"非法组织"，在设立程序上须履行法定的登记手续，经有关机关核准登记；非法人组织不能独立承担民事责任，不要求有独立的财产，但需有一定的财产或经费；非法人组织不需要健全的治理结构，但也要有一定的组织机构。

非法人组织与法人的主要区别即在于法人以其财产独立承担责任，因此其投资人以其出资为限承担有限责任；而非法人组织并不能独立承担责任，非法人组织的财产不足以清偿债务的，除法律另有规定外，其出资人或者设立人承担无限责任。

非法人组织包括个人独资企业、合伙企业、不具有法人资格的专业服务机构等。个人独资企业，是指依照《个人独资企业法》在中国境内设立，由一个自然人投资，财产为个人所有，投资人以其个人财产对企业债务承担无限责任的经营实体。合伙企业分为普通合伙企业和有限合伙企业两种类型。有限合伙即其合伙人由普通合伙人和有限合伙人组成，普通合伙人承担无限（连带）责任，有限合伙人承担有限责任。另外，《合伙企业法》还规定了特殊的普通合伙企业这一组织类型。即以专业知识和专门技能为客户提供有偿服务的专业服务机构，可以设立为特殊的普通合伙企业。与普通合伙企业不同的是，在特殊的普通合伙企业，一个合伙人或者数个合伙人在执业活动中因故意或者重大过失造成合伙企业债务的，应当承担无限责任或者无限连带责任，其他合伙人以其在合伙企业中的财产份额为限承担责任。合伙人在执业活动中非因故意或者重大过失造成的合伙企业债务以及合伙企业的其他债务，由全体合伙人承担无限连带责任。近年来，裁判会计师事务所、律师事务所承担高额赔偿责任的不少。其实，实践中不少会计师事务所、律师事务所登记为特殊普通合伙。按照《合伙企业法》，特殊的普通合伙企业名称中应当标明"特殊普通合伙"字样。

　　值得领导干部注意的是，非法人的组织多如牛毛，被法律所认可的却有限。《民法通则》规定的民事主体只有公民和法人两种。之后的法律逐渐认可非法人组织的市场主体地位。《合同法》规定的合同主体包括自然人、法人和其他组织，《个人独资企业法》和《合伙企业法》明确了个人独资企业、合伙企业的市场主体地位。在民法总则的立法过程中，各方的共识是，明确这些组织的民事主体地位可以适应现实需要，有利于其开展民事活动，促进经济社会发展，也与其他法律的规定相衔接。[1]正是基于这一认识，《民法总则》将"非法人组织"与"自然人、法人"并列规定为第三类市场主体。《民法典》延续了《民法总则》的规定，在第一编总则的第四章专章规定了非法人组织。此外，

---

[1]《关于〈中华人民共和国民法总则（草案）〉的说明》，中国人大网，http://www.npc.gov.cn/zgrdw/npc/lfzt/rlyw/2016-07/05/content_1993422.htm。

国有独资公司、国有企业、上市公司以及公益性的事业单位、社会团体不得成为普通合伙人。不具有法人资格的专业服务机构主要是指律师事务所、会计师事务所、资产评估机构等，律师事务所、会计师事务所一般采用合伙制。根据《资产评估法》的规定，评估机构应当采用合伙或者公司形式设立。

有这样一个案例。2014年5月，刘某卖掉了自己的老房，获得价款500多万元，计划给自己的儿子购买结婚用房。考虑到当时房价过高，儿子两年内并不需要房子，刘某便产生了将手头的几百万元闲钱投资获利的想法。由于没有合适的投资信息和渠道，他就上网搜索到了一个A投资中心（有限合伙）的投资基金项目，并直接和该项目的管理人B国际投资管理有限公司的项目管理人员联系。经项目管理人员介绍、劝说，刘某对这个投资项目颇感兴趣。该投资基金项目总认缴出资额为6000万元，由普通合伙人C公司认缴400万元，一般有限合伙人D公司认缴200万元，其他由优先合伙人认缴，每位有限合伙人的出资限额不低于100万元。优先合伙人出资期限为1年，年收益率15%，满半年还本金10万元并支付相应收益，届满支付剩余本金和收益，A投资中心（有限合伙）届期不能支付本金和收益的，由普通合伙人C公司和一般有限合伙人D公司承担连带责任。考虑到这个投资项目能够保本，且有稳定的高回报（两个公司担保），担心货币贬值、急于投资的刘某便于当天与普通合伙人C公司和一般有限合伙人D公司签订了《A投资中心（有限合伙）合伙协议》，次日支付投资金100万元。半年后，A投资中心（有限合伙）如期支付了10万元本金和利息75000元。尝到甜头的刘某更加坚定了对该投资项目的信心，之后分两次再向该基金投资共250万元。2015年6月，第一期投资期限届满，刘某并未拿到自己期待已久的剩余本金和高额回报。经与投资管理人联系，双方确定延迟还本并支付投资回报。之后，第二、三期投资陆续到期，刘某遭遇了同样的命运。经查，普通合伙人C公司、一般有限合伙人D公司、项目的管理人B国际投资管理有限公司与A投资中心（有限合伙）均为同一实际控制人投资设立，所谓的投资基金项目并不存在。现在，A投资中心（有限合伙）、B国际投资管理有限公司、C公司和D公司均已处于不正常经营状态，人去楼空无法联系，刘某不仅没有收到预期的高额回报，本金也几乎无收回的希望。请问：A投资中心（有限合伙）的性质是什么？其和公司有什么不同？谁应当为刘某负责？

近年来，老百姓手中的"闲钱"似乎越来越多，在股票市场和房地产市场大起大落、银行储蓄利率过低且货币贬值预期加速的背景下，越来越多的人选择了投资理财。然而，从近几年爆发的大量纠纷来看，很多老百姓显然是在没有一定准备的情况下获利心切，贸然选择了自己并不熟悉的对手和交易模式，而一些市场投机者也正是瞄准了这类人群，利用甚至滥用自己对规则的掌握优势和对手的"弱势地位""贪财心理"，用美丽的谎言、精巧的圈套，使得善良而又无知的人们逐渐上当、血本无归。

本案中，刘某所犯的一个致命错误就是相信所谓的"低风险高回报"的谎言。对于刘某来讲，不知道合伙与公司的区别不可怕，不知道有限合伙和普通合伙人责任的不同也不可怕，不知道合伙和借贷的区别还不可怕，毕竟这些法律术语早已超出了一般人的知识范围。但在银行最高储蓄利率不到5%的情况下，签订保本且有15%高额回报的所谓合伙协议，本身就违反了"高风险高回报、低风险低回报"的基本原则。从法律上讲，刘某所选择的A投资中心（有限合伙）是一种特殊的合伙企业组织形式，是相对于所有合伙人都承担无限连带责任的普通合伙而言的。在有限合伙中，有限合伙人对合伙债务承担有限责任，普通合伙人则对合伙债务承担无限责任。但必须注意的是，无论是设立合伙企业，还是成立有限公司，出资人的出资都是投资行为，凡投资都有"风险"，无"保本"一说。"保本付息"是借贷的典型特征（何况借贷也很难说绝对保本，银行破产的不是没有），在合伙协议中约定"保本且高额投资回报率"，显然不是真正的投资行为，本质上就是"借贷"。实践中，此类行为大量存在，被称为"名为合伙实为借贷"。与银行储蓄不同的是，本案中刘某是将款项支付给了非银行组织，给这类组织放款的风险很高，可能会有高额回报，但问题是保证不了本金。本案中，刘某虽然可以向A投资中心（有限合伙）、C公司和D公司请求剩余本金返还和一定额度资金占用费的支付，但在几家公司被同一人实际控制的情况下，刘某最终得到救济似乎仅存在理论上的可能。

物权基本制度

第四讲
CHAPTER 4

物权是民事主体依法享有的重要财产权。物权法律制度调整因物的归属和利用产生的民事关系，是最重要的民事基本制度之一。2007年《物权法》颁布实施。《民法典》第二编"物权"在《物权法》的基础上，按照党中央提出的完善产权保护制度，健全归属清晰、权责明确、保护严格、流转顺畅的现代产权制度的要求，结合现实需要，进一步完善了物权法律制度。《民法典》物权编共5个分编、20章、258条。

一 物权和物权法概述

法律属于上层建筑，由经济基础决定并服务于经济基础。我国经济制度的基础是生产资料的社会主义公有制，在社会主义初级阶段，我国坚持公有制为主体、多种所有制经济共同发展等基本经济制度。基本经济制度决定了我国物权制度的社会主义性质。物权包括所有权、用益物权和担保物权。物权的归属、范围和内容，都与我国基本经济制度密切相关。如果不反映、不体现我国的基本经济制度，就不可能制定出符合我国国情的、具有中国特色的物权制度。因此，《民法典》物权编必须体现我国的基本经济制度，并以维护我国的基本经济制度为根本目的。《民法典》物权编主要从民事角度通过明确物的归属、权利人有哪些权利、他人负有哪些义务、侵害物权的法律责任等，来体现和维护我国的基本经济制度。

民法是调整平等主体之间关系的法律，是伴随市场经济的发展而逐步完备的。改革开放以来，我国实行社会主义市场经济。对于发展社会主义市场经济，中央政策很明确，就是要建立市场经济体制，利用市场的手段，发挥经济规律的作用，合理配置资源，发挥人力物力资源的最大效益，通过市场主体的公平竞争，发展生产力，促进经济繁荣，提高生活水平，增强综合国力。发展市场经济，就要建立与社会主义市场经济相适应的法律制度，而规范市场经济关系的基本法律就是民法。《民法典》物权编是民法的重要组成部分，通过确立物权归属和利用的基本规则，规范市场主体因物的归属和利用而产生的财产关系，保障市场主体的权利，维护市场经济秩序，为我国社会主义市场经济服务。

《民法典》物权编最直接的作用是明确物的归属，发挥物的效用。这主要体现在两个方面：

一是定分止争。生活中常常发生这样的事：一位房东，把自己的房子先卖给甲，并把房子交给甲使用，后由于价格、熟人关系等多种原因又把该房子卖给乙，并和乙办理了房屋过户手续。试问，该房子究竟属于谁，乙能否要求甲腾出房子？解决一物二卖的问题有多种办法，比如按照订立合同的先后确定房屋的归属，按照有无付款或者付款的先后确定房屋的归属，以及按照买方有无实际占有该房屋确定房屋的归属，以及按照房屋有无办理过户登记手续确定房屋的归属。上述几种解决办法都有一定道理。没有《民法典》物权编的规定，仁者见仁，智者见智。由此，从维护经济秩序和市场交易安全出发，规定谁是该房屋的所有人，首先看该房屋有无办理过户登记手续，如果已经办理过户登记手续，乙虽然后买，但已经办理过户手续，不动产登记簿上的所有人是乙，因此乙有权要求甲腾出房子。甲虽然没有办理过户手续，但甲和原房主之间订立的房屋买卖合同是有效的，甲受到的损失，可以按照合同要求原房主赔偿。因此，依靠《民法典》物权编确定的规则就能够明确归属，定分止争，稳定经济秩序。

二是物尽其用。物可以自己用，也可以交由他人使用。《民法典》物权编为权利人充分利用财产留下很大空间，不仅有物的所有权人占有、使用、收益权利的规定，也有他人利用物的权利的规定，如用益物权、担保物权等；同时，从合理利用资源、维护公共利益角度出发，对权利人的权利也有不少限制，如有关严格保护耕地的规定，有关相邻关系的规定，以及征收、征用的规定等。《民法典》物权编就是要充分发挥物权法律制度定分止争和物尽其用这两个方面的作用，为权利人充分利用财产创造一个良好的法治环境，鼓励权利人创造财富、积累财富，使"有恒产者有恒心"，保障安居乐业，促进经济发展和社会进步。

保护权利人的物权也是《民法典》物权编的宗旨。这主要体现在：一是通过一系列确定物权归属的规则明确物权属于谁。二是通过规定物权保护的途径与方式使物权受到侵害的权利人可以保护自己的合法权利。三是通过规定国有财产的范围、行使以及防止国有资产流失，加大对国有资产的保护力度，保护国有资产；通过规定集体财产的范围、行使等，保护农村和城镇的集体财产；通过规定私人所有权、业主的建筑物区分所有权等，保护私人所有的合法财产；通过规定土地承包经营权、宅基地使用权等用益物权和担保物权，保护权利人对物的利用的权利。总之，《民法典》物权编的目的之一，就是切实保护权利人的物权，维护广大人民群众切身利益，激发人们创造财富的活力，促进社会和谐。

二 物权的一般制度

物权编是《民法典》的一编，调整横向的社会关系。经济社会管理活动中管理者与被管理者之间的纵向关系，也涉及财产的归属和利用问题，但此类关系主要是由行政法、经济法调整，不属于物权编调整的范围。

（一）物权法律原则

1. 物权编立法应符合经济制度

党的十九届四中全会通过的《中共中央关于坚持和完善中国特色社会主义制度、推进国家治理体系和治理能力现代化若干重大问题的决定》提出："公有制为主体、多种所有制经济共同发展，按劳分配为主体、多种分配方式并存，社会主义市场经济体制等社会主义基本经济制度，既体现了社会主义制度优越性，又同我国社会主义初级阶段社会生产力发展水平相适应，是党和人民的伟大创造。"中国特色社会主义物权制度是由社会主义基本经济制度决定的，与资本主义物权制度有本质区别。作为反映我国社会主义生产关系和维护社会主义经济制度的物权编，必须全面、准确地体现现阶段我国社会主义基本经济制度。物权编把社会主义基本经济制度和党的十九届四中全会决定的有关精神作为物权编的基本原则，这一基本原则规定作为物权编的核心，贯穿并体现在整部物权编的始终。

因此，《民法典》第二百零六条规定：国家坚持和完善公有制为主体、多种所有制经济共同发展，按劳分配为主体、多种分配方式并存，社会主义市场经济体制等社会主义基本经济制度。国家巩固和发展公有制经济，鼓励、支持和引导非公有制经济的发展。国家实行社会主义市场经济，保障一切市场主体的平等法律地位和发展权利。

2. 平等保护国家、集体和私人的物权原则

民法是调整平等主体之间的财产关系和人身关系的法律，作为民法重要组成部分的物权编，是调整平等主体之间因物的归属和利用而产生的财产关系的法律。物权编平等保护各个民事主体的物权是民法调整的社会关系的性质决定的。对于民法的平等原则，总则编已有明确规定：民法调整平等主体的自然人、法人和非法人组织之间的人身关系和财产关系；民事主体的人身权利、财产权利以及其他合法权益受法律保护，任何组织或者个人不得侵犯；民事主体在民事活动中的法律地位一律平等。民事主体从事民事活动，应当遵循自愿、公平、诚信的原则。因此，《民法典》第二百零七条规定：国家、集体、私人的物权和其他权利人的物权受法律平等保护，任何组织或者个人不得侵犯。

这一原则，符合我国《宪法》的相关规定，即"国家实行社会主义市场经济"。公平竞争、平等保护、优胜劣汰是市场经济的基本法则。在社会主义市场经济条件下，各种所有制经济形成的市场主体都在统一的市场上运作并发生相互关系，各种市场主体都处于平等地位，享有相同权利，遵守相同规则，承担相同责任。

3. 物权公示原则

物权公示原则是传统民法的原则，虽然具体制度的规定可能有差异，却是各国物权制度通行的原则。物权公示原则说的是两个方面的

问题：第一个方面，物权人享有物权、物权的内容变更或者物权消灭以什么方式确定。比如买房屋或者买电视，买主什么时候拥有该房屋或者电视的所有权，以什么方式确定？某人决定将其所有的房屋与他人共有，以什么方式确定共有权？房屋出售什么时候丧失所有权，以什么方式确定？这些都是物权的设立、变更、转让和消灭的方式问题，称为物权变动。第二个方面，由于物权是排他的"绝对权""对世权"，成千上万的义务人负有不作为的义务。因此必须让广大的义务人清楚地知道谁是权利人，不应该妨碍谁。而且，权利人转让自己的物时，也要让买主知道他有无资格转让该物。这都要求以令公众信服的特定方式确定物权变动，让大家很容易、很明白地知道该物是谁的，以维护权利人和社会公众的合法权益。这是物权的公信问题。

物权公示的主要方法是：不动产物权的设立、变更、转让和消灭经过登记发生效力，动产物权的设立、转让通过交付发生效力。一方面，要获得不动产的所有权，就要进行登记；变更不动产所有权的内容，比如一人所有变为两人所有，也要进行登记；将不动产出售，还要进行登记。登记之后，不动产所有权的设立、变动或者消灭才有效。要获得一个动产的所有权，要通过交付。比如买一台电视，就要通过交付，买主才有所有权；反之，出售一台电视，要交付给买主，卖主才失去所有权。因此，物权变动的关键点，不动产就是登记，动产就是交付。另一方面，要了解一项不动产属于谁所有，就要查不动产登记簿；要了解动产属于谁，就看谁占有它。简单地讲，确定物的归属就是不动产看登记，动产看占有。不动产不能移动，要靠不动产登记簿标明四至界限，除登记错误需要依法更正的外，不动产登记簿上记载的人就是该不动产的权利人。不动产登记簿是公开的，有关人员都能查阅、复制。因此，不动产登记簿的公示性是最强的，最能适应市场交易安全便捷的需要，能最大限度地满足保护权利人的要求。动产可能频繁移动，动产在谁的手里，除有相反证据外，谁就是该动产的权利人。物权编有关财产归属的规定是人类文明的优秀成果，各国有关财产归属的规定大同小异，方法简单，一目了然。如果不采取这种方法，而采取别的什么方法，必然使经济秩序混乱不堪，最终影响经济的发展和社会的进步。

（二）物权的设立、变更、转让和消灭

物权的设立、变更、转让和消灭，因不动产和动产而不同。不动产，具体而言是指土地以及房屋、林木等土地附着物，对整个社会具有重大政治意义、经济意义。不动产之外的物为动产。不动产物权，在各国民法物权规范中，都是最重要的内容。

1. 关于不动产物权的变动

不动产物权的设立、变更、转让和消灭，应当依法登记；除法律另有规定外，未经登记，不发生物权效力。例如，当事人订立了合法有效的买卖房屋合同后，只有依法办理了房屋所有权转让登记后，才发生房屋所有权变动的法律后果；不经登记，法律不认为发生了房屋所有权的变动。在不动产物权登记这个核心效力的基础上，还可以派生出不动产物权登记推定真实的效力，即除有相反证据证明外，法律认为记载于不动产登记簿的人是该不动产的权利人。这既是不动产物权交易安全性和公正性的需要，也是不动产物权公示原则的必然要求。因此，对相信不动产登记簿记载的权利为正确权利而取得该项权利的第三人，法律认可其权利取得有效而予以保护，但对明知不动产登记

簿记载的权利有瑕疵而取得该项权利的人，法律则不予以保护。正因为不动产物权登记具有这样的效力，物权编规定了异议登记制度，即登记的不动产物权和事实上的不动产物权不一致的，事实上的权利人可以进行异议登记，将不动产登记可能有瑕疵的情况记入登记簿，以对抗第三人，防止自己利益受到损害。需要说明的是，《民法典》第二百一十四条规定：不动产物权的设立、变更、转让和消灭，依照法律规定应当登记的，自记载于不动产登记簿时发生效力。也就是说，不动产物权登记，自登记机构将不动产物权有关事项记载于不动产登记簿时，始告完成。

不动产登记簿，是我国法律规定的不动产物权登记机构管理的不动产物权登记档案。我们一般认为，根据物权公示原则的要求，不动产登记簿应当具有这样一些特征：一是统一性，一个登记区域内的不动产登记簿只能有一个，这样该区域内的不动产物权变动的各种情况才能准确地得到反映，物权交易的秩序才能良好建立；二是权威性，不动产登记簿是国家建立的档案簿册，其公信力以国家的行为担保，并依此为不动产物权变动的可信性提供保障；三是持久性，不动产登记簿将由登记机构长期保存，以便于当事人和利害关系人的利益获得长期的保障；四是公开性，不动产登记簿不应是秘密档案，登记机构不但应当允许权利人和利害关系人查阅复制，而且还要为他们的查阅复制提供便利。正因为不动产登记簿具有这些特征，不动产物权的设立、变更、转让和消灭只有在记载于不动产登记簿之后，才具有了公示力和排他力。在这一点上，国外也有相似的规定，如《瑞士民法典》规定，物权在不动产登记簿主簿登记后，始得成立，并依次列顺序及日期。《德国民法典》规定，转让土地所有权、对土地设定权利以及转让此种权利或者对此种权利设定其他权利，需有权利人与相对人关于权利变更的协议，并应将权利变更在土地登记簿中登记注册，但法律另有其他规定的除外。

特别需要指出的是，民法典规定依法属于国家所有的自然资源，所有权可以不登记。只不过我国正在推进自然资源统一确权登记。

2. 关于动产物权的变动

动产物权的设立和转让，除法律另有规定外，自交付时发生效力。前文提及物权的公示原则，旨在维护交易安全，为第三人利益提供切实保障。不动产物权以登记为公示手段，与此相对应，动产物权以占有和交付为公示手段。占有主要是在静态下，即在不发生物权变动的情况下发挥动产物权的公示作用；而交付主要是在动态下，即在发生物权变动的情况下发挥动产物权的公示作用。

在《民法典》颁布之前，我国对动产物权的设立和转让在哪一个时间点、怎么发生效力之类的问题已有一些规范。例如，《民法通则》即规定，按照合同或者其他合法方式取得财产的，财产所有权从财产交付时起转移，法律另有规定或者当事人另有约定的除外。在《民法通则》颁布之时，我国尚且没有不动产市场，故当时规定的这一原则，即是为动产所有权移转确定的。又如《合同法》规定，标的物的所有权自标的物交付时起转移，但法律另有规定或者当事人另有约定的除外。

国外也有相似的立法例，如《德国民法典》规定，为转让一项动产所有权，必须有物的所有权人将物交付与受让人，以及双方就所有权的移转达成合意。为设立质权，必须有物的所有权人将物交付与债权人，以及双方为债权人设立质权的合意。《瑞士民法典》规定，动产所有权的移转，应移转占有。动产经将其占有转移质权人，始为出质。《日本民法典》规定，质权的设定，因向债权人交付标的物而发生效力。质权人不得使出质人代自己占有。我国台湾地区"民法"规定，动产物权之让与，非将动产交付，不生效力。

我国《民法典》第二百二十四条规定：动产物权的设立和转让，自交付时发生效力，但是法律另有规定的除外。这个规范，也继承了前述《民法通则》与《合同法》的相关规定，是指当事人通过合同约定转让动产所有权和设立动产质权的两种情况。我们所说的"交付"，指的是物的直接占有的移转，也就是当事人一方，按照法律行为要求，将物的直接占有移转给另一方的这个事实。

3. 物权变动的特殊规则

物权的设立、变更、转让或者消灭，要发生效力就必须经由一定的方式使包括权利人在内的所有人，都能够从外部得以感受、得以察知，这是物权公示原则的要求。物权的公示性决定了物权的效力。

根据发生的根据，物权变动可以分为"依民事法律行为而进行的物权变动"和"非依民事法律行为而发生的物权变动"。前者是指以当事人表达了买卖、赠与等想要让物权设立变更的意愿，并付出相对应的行为，以该行为为基础，产生的物权变动。这种物权变动必须遵循前述物权公示原则才能发生效力。例如，某人将自有私宅出售于同事，要想使私宅的所有权由自己移转至同事，双方必须去不动产登记机构办理变更登记，否则物权移转不生效力；再如某人将收藏的古董出售于好友，要使好友获得古董的所有权，此人必须将古董或者现实交付到好友手中（或者采取观念交付的方法替代现实交付），从而完成所有权的移转。但无论何种情形，物权变动的效力是同公示方法密切相关的。但在下文所介绍的情形下，物权的设立、变更、转让或者消灭，并非基于原权利人的意思表示，而是在无原权利人甚至法律有意识排除原权利人意思表示的情况下发生的物权变动，此种变动遵循的不是一般性的物权公示原则，而是法律的直接规定。

具体而言，前面这两种公示原则的例外，即不依据物权变动的一般公示原则，而是依据我国法律的规定，就可以直接发生物权变动效力的情况，一般有如下几种：第一，因人民法院、仲裁机构的法律文书或者人民政府的征收决定等而发生的物权变动；第二，因继承而取得物权；第三，因合法建造、拆除房屋等事实行为设立和消灭物权。

（三）物权的保护

加强对物权的保护，是维护权利人合法权益的必然要求。《民法典》针对物权受到侵害时，如何保护权利人作出规定。具体而言，权利人有权请求返还原物、排除妨害、消除危险，有权依法请求恢复原状、损害赔偿。

三 所有权

所有权在物权体系中的重要性自不待言。通常认为，所有权是对物的支配权，这样讲确实非常抽象，但准确地给所有权下定义也并不容易。纵观立法传统，我国在《民法通则》第七十一条就已经对所有权进行了规定："财产所有权是指所有人依法对自己的财产享有占有、使用、收益和处分的权利。"《物权法》沿用了《民法通则》四项内容的规定，《民法典》物权编的相关规定也与这一概念基本一致。

（一）所有权一般规定

1. 所有权的基本内容

《民法典》第二百四十条规定，所有权人对自己的不动产或者动产，依法享有占有、使用、收益和处分的权利。

如前文提到的，这一条前半句，对于"何为所有权"进行了定义；而这一条的后半句，介绍了所有权的具体权能，也就是"拥有所有权的人，能够做什么"。理论上通常认为所有权具有以下四项基本权能。一是占有，即对于财产的实际管领或控制。拥有一个物的一般前提就是占有，这是财产所有者直接行使所有权的表现。所有人的占有受法律保护，不得非法侵犯。二是使用，即权利主体以各种途径，发挥财产的使用价值。例如使用机器生产产品，在土地上种植农作物，等等。三是收益，即通过财产的占有、使用等方式取得的经济效益。使用物并获益是拥有物的目的之一。收益也包括孳息，具体还可以分为天然孳息和法定孳息。家畜生仔、果树结果等，都属于天然孳息，而类似存款所得的利息，出租所得租金则属于法定孳息。四是处分，即财产所有人对其财产在事实上和法律上的最终处置。处分权一般由所有权人行使，但在某些情况下，非所有权人也可以有处分权，如运输的货物发生紧急情况，承运人也可以依法进行处分。

2. 对所有权的限制

法律调整的是人与人之间的关系，不是人与物之间的关系。权利体现的是社会关系。民法的所有权是基于所有物而产生的所有权人与他人的财产关系。民法上讲所有权，不仅要讲所有权人对所有物的权利，而且主要是讲所有权人与他人的关系。总体看，对所有权的限制主要表现在以下方面：

第一，在所有权上设置他物权。《民法典》第二百四十一条规定：所有权人有权在自己的不动产或者动产上设立用益物权和担保物权。用益物权人、担保物权人行使权利，不得损害所有权人的权益。所有权人在自己的不动产或者动产上设立用益物权和担保物权，是所有权人行使其所有权的具体体现。由于用益物权与担保物权都是对他人的物享有的权利，因此都被称为"他物权"；与此相对应，所有权被称为"自物权"。下文将针对各类他物权进行具体介绍，在此不赘述。

第二，征收。《民法典》第二百四十三条规定，为了公共利益的需要，依照法律规定的权限和程序可以征收集体所有的土地和组织、个人的房屋以及其他不动产。征收是国家以行政权取得集体、组织和个人的财产所有权的行为。征收的主体是国家，通常是政府部门，政府以行政命令的方式从集体、组织和个人取得土地、房屋等财产，集体、组织和个人必须服从。在物权法律制度上，征收是物权变动的一种极为特殊的情形。征收属于政府行使行政权，属于行政法律关系，不属于民事法律关系，但由于征收是所有权丧失的一种方式，是对所有权的限制，同时又是国家取得所有权的一种方式，因此从民事角度对征收作原则规定也是非常必要的。征收导致所有权的丧失，当然会对所有权人造成损害。因此，征收虽然是被许可的行为，但通常都附有严格的法定条件的限制。

第三，征用。《民法典》第二百四十五条规定，因抢险救灾、疫情防控等紧急需要，依照法律规定的权限和程序可以征用组织、个人的不动产或者动产。被征用的不动产或者动产使用后，应当返还被征用人。组织、个人的不动产或者动产被征用或者征用后毁损、灭失的，应当给予补偿。征用，即国家强制使用组织、个人的财产。强制使用就是不必得到所有权人的同意，在国家有紧急需要时即直接使用。国家需要征用组织、个人的不动产和动产的原因，是抢险、救灾、应对突发公共卫生事件等在社会整体利益遭遇危机的情况下，需要动用一切人力、物力进行紧急处理和救助。因此，法律允许在此种情况下限制单位和个人的财产所有权。值得注意的是，征收和征用都是国家以强制方式限制财产权，但是，征收是剥夺所有权，而征用只是在紧急情况下强制使用组织、个人的财产，紧急情况结束后被征用的财产要返还给被征用的组织、个人。因此不难看出，征用与征收有所不同，即征收限于不动产，而征用的财产既包括不动产也包括动产。

（二）国家所有权和集体所有权、私人所有权

《民法典》物权编在第五章规定了国家所有权和集体所有权、私人所有权。主要对国有财产的范围、国家所有权的行使、国有财产的保护、集体所有权的范围、集体所有权的行使、集体成员合法权益的保护、私人所有权的范围、企业法人的财产权等作了规定。

1. 国家所有权

关于国家所有权，需要重点关注以下问题：

第一，关于国家所有权的范围。《民法典》第二百四十六条第一款规定：法律规定属于国家所有的财产，属于国家所有即全民所有。《民法典》第二百四十七条至第二百五十四条明确规定以下三类财产的权属：一是矿藏、水流、海域、无居民海岛、无线电频谱资源、国防资产、城市的土地——均属于国家所有；二是法律明文规定属于国家所有的野生动植物资源，铁路、公路、电力设施、电信设施和油气管道

等基础设施，文物，农村和城市郊区的土地，即此类财产只在法律明文规定为国家所有的情况下，才是国家所有的财产；三是除法律规定属于集体所有的外，森林、山岭、草原、荒地、滩涂等自然资源，属于国家所有，即此类财产原则上归国家所有，法律另有规定（属于集体所有）的除外。现行法律、行政法规没有明确规定的，根据本条，可以在制定或者修改有关法律时作出具体规定。

第二，关于国家所有权的行使。《民法典》第二百四十六条第二款规定，国有财产由国务院代表国家行使所有权。法律另有规定的，依照其规定。目前，有些国家财产法律明确规定由国务院代表行使，如《民法典》第二百四十八条规定，无居民海岛属于国家所有，国务院代表国家行使无居民海岛所有权。但也有法律作出了特殊规定，如2019年《森林法》第十四条第二款规定，国家所有的森林资源的所有权由国务院代表国家行使。国务院可以授权国务院自然资源主管部门统一履行国有森林资源所有者职责。

第三，关于我国国家所有的性质。《民法典》第二百四十六条第一款中规定"属于国家所有即全民所有"，就意味着我国国家所有的性质是全民所有。根据《宪法》第九条第一款规定："矿藏、水流、森林、山岭、草原、荒地、滩涂等自然资源，都属于国家所有，即全民所有；由法律规定属于集体所有的森林和山岭、草原、荒地、滩涂除外。"《土地管理法》第二条第二款规定："全民所有，即国家所有土地的所有权由国务院代表国家行使。"本条规定和宪法的规定相衔接，进一步明确了国家所有的性质。

第四，关于国家机关对其直接支配的物的权利。《民法典》第二百五十五条规定：国家机关对其直接支配的不动产和动产，享有占有、使用以及依照法律和国务院的有关规定处分的权利。国家机关的财产也是国有资产的重要组成部分。明确国家机关对其直接支配的财产享有的权利，哪些权利必须依照法律和国务院的有关规定行使，这对保护国家机关的财产具有重要意义。从机关法人应当具备的"必要的财产或者经费""与其业务活动相适应的经费来源""能够独立承担民事责任"等条件，从物权角度作出了上述规定。保护国有财产权，防止国有财产流失，是我国的一项长期任务。除了物权编，还需要制定与国有财产管理相关的法律，进一步完善国有财产的管理制度。国有财产权作为一种物权，有关这种权利的归属及其内容的基本规则已经在物权编中作出规定，但也要看到，国有财产的行使及其监管又具有特殊性，因而单纯依靠物权编的规定是不够的，还需要制定与国有财产管理相关的法律，区分经营性财产和非经营性财产，建立不同的管理制度。国家机关应当依法对其直接支配的财产行使占有、使用和处分的权利。国家机关对其占用的财产的处分必须依照法律和国务院的有关规定中的限制和程序进行，不得擅自处置国有财产。

第五，关于事业单位对其直接支配的物的权利。《民法典》第二百五十六条规定，国家举办的事业单位对其直接支配的不动产和动产，享有占有、使用以及依照法律和国务院的有关规定收益、处分的权利。众所周知，国有事业单位的财产也是国有资产的重要组成部分。因而，《民法典》物权编明确了国有事业单位对其直接支配的财产享有的权利，哪些权利必须依照法律和国务院的有关规定行使，这对保护国有事业单位的财产具有重要意义。

第六，关于国家出资的企业的所有权问题。国有企业对于我国国民经济的支柱意义自不待言。改革开放以来，我们建立社会主义市场经济体制，党的十四届三中全会提出建立现代企业制度，国有企业迅速发展，继续在国民经济中发挥着主导作用。但是，随着国有企业改革的不断深化，国有资产管理体制改革不断推进，国有资产管理面临的体制性障碍还未得到真正解决，政府的社会公共管理职能与国有资产出资人职能没有完全分开，一方面造成国有资产出资人不到位，国有资产监管职能分散，权利、义务和责任不统一，管资产和管人、管事相脱节；另一方面导致政府对企业进行行政干预，多头管理，影响了政企分开，制约了国有企业建立现代企业制度。为此，党的十五届四中全会决定指出："政府对国家出资兴办和拥有股份的企业，通过出资人代表行使所有者职能，按出资额享有资产收益、重大决策和选择经营管理者等权利，对企业的债务承担有限责任，不干预企业日常经营活动。"值得注意的是以下几个具体问题。一是何谓"国家出资的企业"。这一概念范畴不仅包括国家出资兴办的企业，如国有独资公司，也包括国家控股、参股有限责任公司和股份有限公司等，还包括未进行公司制改造的其他企业。二是谁来代表国家履行国有企业的出资人职权？本条规定了由国务院和地方人民政府分别代表国家履行出资人职责，享有出资人权益。我国地域辽阔，国有企业众多，即使经过调整、改制，目前还有十几万户分布在各地。为了实现有效管理，都由中央政府直接管理是存在困难的。因此，适宜的做法是通过资产的划分和权利的划分，由中央政府和地方政府分别代表国家履行出资人的职责。《企业国有资产法》第十一条规定，国务院国有资产监督管理机构和地方人民政府按照国务院的规定设立的国有资产监督管理机构，根据本级人民政府的授权，代表本级人民政府对国家出资企业履行出资人职责。三是履行出资人职责的法律依据是什么？虽然中央政府和地方政府分别代表国家履行出资人职责，享有所有者权益，但它们都必须在国家统一制定法律法规的前提下行事。有关的法律主要有《宪法》《公司法》《企业国有资产法》等；行政法规主要有《企业国有资产监督管理暂行条例》等。四是出资人职责和权益内容为何？关于这个问题，简言之，出资人职责就是股东的职能，中央政府和地方政府各自设立的国有资产管理委员会——履行出资人职责的机构，代表本级人民政府对国家出资企业享有履行出资人职责的机构资产收益、重大决策和选择管理者等出资人权益；对国有资产保值、防止国有资产流失负监管责任。需要注意的是，中央政府和地方政府代表国家履行出资人职责时，要尊重、维护国有及国有控股企业经营自主权。《宪法》第十六条第一款规定："国有企业在法律规定的范围内有权自主经营。"《企业国有资产法》第十四条第二款规定，履行出资人职责的机构应当维护企业作为市场主体依法享有的权利，除依法履行出资人职责外，不得干预企业经营活动。根据宪法等法律和国有资产管理改革所遵循的政企分开的原则，中央政府和地方政府以及其设立的国有资产管理机构不能干预国家出资的企业依法行使自主经营权。

2. 集体所有权

关于集体所有权，需要关注以下问题：

第一，关于集体所有的财产范围。《民法典》第二百六十条规定，集体所有的不动产和动产包括：（1）法律规定属于集体所有的土地和森林、山岭、草原、荒地、滩涂；（2）集体所有的建筑物、生产设施、农田水利设施；（3）集体所有的教育、科学、文化、卫生、体育等设施；（4）集体所有的其他不动产和动产。《宪法》第六条规定，中华人民共和国的社会主义经济制度的基础是生产资料的社会主义公有制，即全民所有制和劳动群众集体所有制。集体所有根据所有人身份不同，可以分为农村集体所有和城镇集体所有。集体财产是广大人民群众多年来辛勤劳动积累的成果，是发展集体经济和实现共同富裕的重要物质基础。确认集体财产的范围，对保护集体的财产权益，维护广大集体成员的合法财产权益都具有重要意义。

第二，关于集体所有权的主体。集体所有权的主体应当是集体，这一点自不待言。但值得注意的是，"集体所有"不能等同于"共有"。后者是指两个以上自然人或者法人，对一项财产享有权利。例如，夫妻双方共同购买房产，或者两名以上的子女共同继承房产，等等。在此类情形里，共有人对共有的财产都享有占有、使用、收益和处分的权利，都有权要求分割共有财产。但是集体所有，是社会主义公有制的一个表现形式，任何一个作为个体的集体的成员，都无权独自对集体财产行使权利，离开集体时同样不能要求分割集体财产。

第三，关于集体所有权的内容。首先，法律规定属于集体所有的土地和森林、山岭、草原、荒地、滩涂。土地是人类社会生产和生活的物质基础。对于广大农民来说，土地是其可以利用的一切自然资源中最基本、最宝贵的资源，是其安身立命的根本。在我国，土地公有制是我国土地制度的基础和核心，我国土地公有制的法律表现形式是国有土地所有权和集体土地所有权。其次，集体所有的集体企业的厂房、仓库等建筑物，机器设备、交通运输工具等生产设施，水库、农田灌溉渠道等农田水利设施，以及集体所有的教育、科学、文化、卫生、体育等公益设施。但值得注意的是，这里集体所有的财产主要有两个来源：一是集体自己出资兴建、购置的财产；二是国家拨给或者捐赠给集体的财产。最后，除上述几种常见的集体财产外，集体财产还包括集体企业所有的生产原材料、半成品和成品，村建公路、农村敬老院等。法律条文难以对具体情况进行逐一列举，因此这一条里，在最后规定了一个兜底条款——集体所有的其他不动产和动产。

3. 私人所有权

《民法典》第二百六十六条规定，私人对其合法的收入、房屋、生活用品、生产工具、原材料等不动产和动产享有所有权。改革开放以来，随着经济水平的不断发展，人民生活水平也随之不断提高，私有财产日益增加，因而迫切要求法律切实保护人们通过辛勤劳动积累的合法财产。《宪法》第十一条规定，在法律规定范围内的个体经济、私营经济等非公有制经济，是社会主义市场经济的重要组成部分。国家保护个体经济、私营经济等非公有制经济的合法权利和利益。国家鼓励、支持和引导非公有制经济的发展，并对非公有制经济依法实行监督和管理。由此可见，依法保护私有合法财产，既是宪法的规定和党的主张，也是人民群众的普遍愿望和迫切要求。而此处我们所说的"私人"，是指与国家和集体相对应的物权主体，包括自然人和非公有制企业，其中，自然人包括我国公民、在我国合法取得财产的外国人和无国籍人。

（三）业主的建筑物区分所有权

为解决居住问题，包括我国在内的世界各国纷纷兴建高层或者多层建筑物，由此必然会产生一栋建筑物存在多个所有权人的情形。对此，我国2007年通过的《物权法》专章对业主的建筑物区分所有权作了规定。《民法典》编纂同样沿用《物权法》规定，继续设专章对业主的建筑物区分所有权作出规定，共十七条，主要对业主对建筑物区分所有权的内容，业主对专有部分行使所有权，对专有部分以外的共有部分的共有和共同管理的权利的享有与行使，车位、车库等的归属，车位、车库应当首先满足业主需要等内容作出了规定。

业主，是指享有建筑物专有部分所有权的人。而业主的"建筑物区分所有权"是一项重要的不动产权利，是高层或者多层建筑物之上产生的，并在一栋建筑物存在多个所有权人后出现的物权种类，一般是指许多业主，在区分一建筑物，从而各有其专有部分，并就共有部分按其专有部分享有共有的权利。

《民法典》对于建筑物区分所有权进行了原则性规定，即在第二百七十一条中规定："业主对建筑物内的住宅、经营性用房等专有部分享有所有权，对专有部分以外的共有部分享有共有和共同管理的权利。"

根据这一规定不难看出，业主的建筑物区分所有权包括三部分。第一，业主对专有部分的所有权。即本条规定的，业主对建筑物内的住宅、经营性用房等专有部分享有所有权，有权对专有部分占有、使用、收益和处分。第二，业主对建筑区划内的共有部分的共有的权利。第三，业主对建筑区划内的共有部分的共同管理的权利。

（四）相邻关系与相邻权

"相邻关系"，是指不动产的相邻各方因行使所有权或者用益物权而发生的权利义务关系。处理相邻关系的原则，不仅是人们在生产、生活中处理相邻关系应遵从的原则，也是法官审理相邻关系纠纷案件应遵从的原则。特别是在法律对相邻关系的某些类型缺乏明确规定的情况下，需要法官以处理相邻关系的一般原则评判是非。例如，我国《民法典》物权编对树木根枝越界的相邻关系问题没有作出规定。在我国农村此类纠纷是常见的。

《民法典》物权编对处理相邻关系的原则、用水与排水、通行、通风、采光和日照等相邻关系作了规定。例如，第二百八十八条规定：不动产的相邻权利人应当按照有利生产、方便生活、团结互助、公平合理的原则，正确处理相邻关系。本条是2007年《物权法》已有之规定，《民法典》对此未作修改。

关于"不动产的相邻权利人"的范围，有以下几点需要注意。第一，相邻的不动产不仅指土地，也包括附着于土地的建筑物。相邻土地权利人之间的相邻关系的内容是非常丰富的，例如，通行、引水、排水，以及临时占用邻人土地修建建筑物等。但相邻的建筑物权利人之间的相邻关系也是同样内容丰富的，无论是在农村还是在城市，建筑物之间的通风、采光等相邻关系直接关系到人们的生活。特别是随着城市化的进一步发展，建筑物区分所有人之间的相邻关系迫切需要法律作出调整。第二，不动产的相邻关系一般指相互毗邻的不动产权利人之间的关系，但也并不尽然。例如，河流上游的权利人排水需要流经下游的土地，当事人之间尽管土地并不相互毗邻，但行使权利是相互邻接的。第三，相邻的不动产权利人，不仅包括不动产的所有人，而且包括不动产的用益物权人和占有人。法律设立不动产相邻关系的目的是尽可能地确保相邻的不动产权利人之间的和睦关系，解决相邻的两个或者多个不动产所有人或使用人因行使权利而发生的冲突，维护不动产相邻各方利益的平衡。

（五）共有

财产的所有形式可分为"单独所有"和"共有"两种形式。单独所有，顾名思义是指财产所有权的主体是单一的，即一个人单独享有对某项财产的所有权。而所谓共有，法律意义上的"共有"和生活语言中的"共有"在词义上有相近之处，但也有些许差异。法律意义上的共有，指多个权利主体对一物共同享有所有权。共有的主体称为共有人，客体称为共有财产或共有物。各共有人之间因财产共有形成的权利义务关系，称为共有关系。《民法典》对财产共有进行了专章规定，区分按份共有和共同共有，对共有物的管理及费用负担、共有物的处分及重大修缮、共有物的分割、共有的内部关系和外部关系等内容作了规定。

《民法典》第二百九十七条不动产或者动产可以由两个以上组织、个人共有。共有包括按份共有和共同共有。

按份共有，又称分别共有，是与共同共有相对应的一项制度。如果两人以上的所有权人，按照一定的份额，对共有物共同享有权利和分担义务的共有，即为按份共有。在按份共有中，各共有人对共有物享有不同的份额。各共有人的份额，又称应有份，其具体数额一般由共有人约定或法定。共有人的份额决定了其权利义务的范围。共有人对共有物持有多大的份额，就对共有物享有多大权利和承担多大义务，份额不同，共有人对共有财产的权利义务也不同。

共同共有是指两个或两个以上的民事主体，根据某种共同关系而对某项财产不分份额地共同享有权利并承担义务。共同共有的特征有以下三点。一是共同共有根据共同关系而产生，以共同关系的存在为前提，例如夫妻关系、家庭关系。二是在共同共有关系存续期间内，共有财产不分份额。这是共同共有与按份共有的主要区别。三是在共同共有中，各共有人平等地对共有物享受权利和承担义务。关于共同共有的形式，我国学界普遍认为共同共有包括"夫妻共有""家庭共有""遗产分割前的共有"。

按份共有与分别所有是不同的。在按份共有中，各个共有人的权利不是局限在共有财产的某一部分上，或就某一具体部分单独享有所有权，而是各共有人的权利均及于共有财产的全部。当然，在许多情况下，按份共有人的份额可以产生和单个所有权一样的效力，如共有人有权要求转让其份额，但是各个份额并不是一个完整的所有权，如果各共有人分别单独享有所有权，则共有也就不复存在了。

（六）"善意取得"制度

《民法典》第三百一十一条规定了"善意取得"制度，即无处分权人将不动产或者动产转让给受让人的，所有权人有权追回；除法律另有规定外，符合下列情形的，受让人取得该不动产或者动产的所有权：（1）受让人受让该不动产或者动产时是善意；（2）以合理的价格转让；（3）转让的不动产或者动产依照法律规定应当登记的已经登记，不需要登记的已经交付给受让人。

一般而言，处分他人财物自然不能产生物权的产生或者变更，所有权人有权追回。但是，在一类特殊情形下，即出让人（类似买卖合同中的卖方）实际占有某项动产，或是在不动产登记簿上错误地将其登记为所有权人，导致买方出于对物权公示原则的尊重和信任，相信其对标的物是具有所有权的，此时这样的买受人，称之为"善意第三人"。法律出于公平与秩序的考量，也同时出于对物权公示原则的尊重，此时应当保护买受人的这份"善意"。

"善意取得"，是指财产的受让人（买卖合同中的买方），以财产所有权转移为目的，善意、对价受让且占有该财产，即使出让人无转移所有权的权利，受让人仍取得其所有权。善意取得既适用于动产，又可适用于不动产。这一制度主要针对在无权处分他人财物的场合。

从民法典的前述规定可以看出，想要形成善意取得，必须同时符合以下三个条件：一是受让人受让该财产时是善意；二是以合理的对价进行的转让，赠与合同等情形则不能构成善意取得；三是落实物权公示原则，即转让的财产应当按照法律规定该登记的进行登记，不必须登记的，也应当交付给受让人。

这一制度难免让人费解：无权处分他人财物的人，竟然可以通过交易将财产转移给善意的第三人。那么原所有权人的权利岂不是难以保障？

对于这个问题，《民法典》第三百一十一条第二款也作出了规定，即受让人依据善意取得规定取得不动产或者动产的所有权的，原所有权人有权向无处分权人请求损害赔偿。例如，某人将实际是夫妻共同财产的房屋登记在自己一个人名下，并且以合理的价格出卖给善意的第三人，并同样办理了过户登记。此时，买卖合同中的买方，为善意受让人。尽管卖方无权独自处分该房屋，但是买方根据善意取得的规定取得了本房屋的所有权，此时卖方配偶因此受到的损失，有权向其配偶请求损害赔偿。

四　用益物权

前文提到，对于所有权上进行限制的情形，除了国家可以对私人所有的财物进行征收、征用之外，私主体同样可以在他人的所有权之上，设置他物权。而用益物权，就是他物权之中典型的一类。用益物权是权利人对他人所有的不动产或者动产，依法享有占有、使用和收益的权利。顾名思义，对他人所有之物以使用、收益为目的，因而被称作"用益"物权。

用益物权多以不动产尤其是土地为使用收益的对象。由于不动产特别是土地的稀缺性、不可替代性且价值较高，以及土地所有权依法不可移转性，使在土地等不动产上设立用益物权成为经济、社会发展的必然要求，而动产的特性决定了通常可以采用购买、租用等方式获得其所有权和使用权。

用益物权制度是物权法律制度中一项非常重要的制度，与所有权制度、担保物权制度等一同构成了物权制度的完整体系。

（一）用益物权一般规定

《民法典》第三百二十三条规定：用益物权人对他人所有的不动产或者动产，依法享有占有、使用和收益的权利。

作为物权体系的重要组成部分，用益物权具备物权的一般特征，同时还具有自身的特性：一是用益物权是由所有权派生的物权。二是用益物权是受限制的物权。相对于所有权而言，用益物权是不全面的、受一定限制的物权。尤其是和所有权进行对比，就不难看出，用益物权人对他人所有的不动产或者动产，依照法律规定，仅享有占有、使用和收益的权利。三是用益物权也是一项独立的物权，一经设立，便具有独立于所有权而存在的特性。即使是所有权对物的支配力也应当因用益物权的设立而受到约束。四是用益物权多以不动产尤其是土地为使用收益的对象。

（二）土地承包经营权

《民法典》第三百三十一条规定，土地承包经营权人依法对其承包经营的耕地、林地、草地等享有占有、使用和收益的权利，有权从事种植业、林业、畜牧业等农业生产。

土地承包经营权作为一种用益物权，属于他物权，这种他物权是针对特定对象而设定的，即农民集体所有和国家所有由农民集体使用的农村土地。农村农用土地是指农民集体所有和国家所有依法由农民集体使用的耕地、林地、草地，以及其他依法用于农业的土地。《民法典》明确了土地承包经营权的物权性质，同时明确规定了土地承包经营权人依法对其承包经营的耕地、林地、草地等享有占有、使用和收益的权利，有权从事种植业、林业、畜牧业等农业生产。

土地承包经营权人对承包地享有权利主要有以下三种。一是依法享有对承包地占有的权利。占有的权利是土地承包经营权人对本集体所有的土地直接支配和排他的权利。二是依法享有对承包地使用的权利。农村土地承包经营权设立的目的，就在于让承包人在集体的土地上进行耕作、养殖或者畜牧等农业生产。因此，承包人在不改变土地的农业用途的前提下，有权对其承包的土地进行合理且有效的使用。三是依法获取承包地收益的权利。收益权是承包人获取承包地上产生的收益的权利，这种收益主要是从承包地上种植的农林作物以及畜牧中所获得的利益，例如粮田里产出的粮食、果树产生的果实等。承包人还有权自由处置产品，可以自由决定农林牧产品是否卖、如何卖、卖给谁等。

关于土地承包经营权，值得关注的主要有以下几点：

第一，土地承包经营权自土地承包经营权合同生效时设立。与国有建设用地使用权的设立以登记为生效要件不同，土地经营权的设立以土地承包合同生效为准，不以登记为生效的要件。因此，要确定取得土地承包经营权的时间，就必须根据承包合同的生效时间判断。根据合同法的基本原则，合同的生效必须以合同的成立为基础。合同的成立是指订约当事人就合同的主要内容形成合意。对于合同的成立时间，《合同法》及《民法典》合同编都有规定，一般而言，承诺生效时合同成立。合同编还对书面形式合同的成立作出了规定，即当事人采用合同书形式订立合同的，自双方当事人签名、盖章或者按印时成立。《农村土地承包法》明确规定土地承包合同应当采用书面形式。因此，承包合同成立的时间应当是当事人签名、盖章或者按印之时。《农村土地承包法》规定，承包合同自成立之日起生效。与此同时，《农村土地承包法》还规定，国家对耕地、林地和草地等实行统一登记，登记机构应当向承包方颁发土地承包经营权证或者林权证等证书，并登记造册，确认土地承包经营权。土地承包经营权登记制度通过国家登记机构对土地承包经营权予以确认，有利于明确权利归属，稳定土地承包关系，也有利于维护农村土地承包经营权互换、转让和土地经营权流转的安全。《民法典》物权编根据修改后《农村土地承包法》的规定，再次明确登记机构应当向承包方颁发土地承包经营权证或者林权证等证书，并登记造册，对土地承包经营权予以确认。

第二，关于土地承包经营权的流转与限制。原则上，土地承包经营权可以进行互换和转让。一方面，权利人可以将其拥有的还没有到期的土地承包经营权以一定的方式和条件移转给他人，只不过这里的"他人"有一定限制。《农村土地承包法》也规定：经发包方同意，承包方可以将全部或者部分的土地承包经营权转让给本集体经济组织的其他农户，由该农户同发包方确立新的承包关系，原承包方与发包方在该土地上的承包关系即行终止。另一方面，《民法典》物权编同时规定，权利人可以将自己的土地承包经营权交换给他人行使，自己行使从他人处换来的土地承包经营权。这种"互换"，从表面上看是地块的交换，但从性质上看，是由交换承包的土地引起的权利本身的交换。权利交换后，原有的发包方与承包方的关系，变为发包方与互换后的承包方的关系，双方的权利义务同时作出相应的调整。互换土地承包经营权，是农户们在平等和自愿的基础上，在同一集体经济组织内部，对人人有份的承包经营权进行的交换。该种交换改变了原有的权利分配，涉及承包义务的履行，因此，应当报发包方备案。由于土地承包经营权互换通常都是对等的，也未剥夺互换双方的土地承包经营权，原则上只要不违反法律，侵害他人的合法权益，发包方就不应干涉。但是，《民法典》物权编同时规定：土地承包经营权转让，应当按照土地的原有用途使用土地，不得改变承包地的原有用途。承包地应当用于种植业等农业生产，不得改变农用土地的用途，将其用于非农业建设。比如不得在承包地上建窑、建坟或者擅自在承包地上建房、挖沙、采石、取土等。

（三）建设用地使用权

建设用地使用权是用益物权中的一项重要权利。出让人通过设立建设用地使用权，使建设用地使用权人对国家所有的土地享有了占有、使用和收益的权利，建设用地使用权人可以利用该土地建造建筑物、构筑物及其附属设施。建设用地包括住宅用地、公共设施用地、工矿用地、交通水利设施用地、旅游用地、军事设施用地等。《民法典》物权编专章规定了建设用地使用权设立、出让合同的内容，权利转让、互换、出资或者赠与时当事人的权利和义务，权利届满前收回建设用地的补偿原则，权利届满后续期以及集体土地作为建设用地的原则等内容。

1. 建设用地使用权的设立

首先，《民法典》第三百四十四条规定：建设用地使用权人依法对国家所有的土地享有占有、使用和收益的权利，有权利用该土地建造建筑物、构筑物及其附属设施。不难看出，此时所谓"建筑物"主要是指住宅、写字楼、厂房等。构筑物主要是指不具有居住或者生产经营功能的人工建造物，比如道路、桥梁、隧道、水池、水塔、纪念碑等；附属设施主要是指附属于建筑物、构筑物的一些设施。

其次，《民法典》第三百四十五条规定：建设用地使用权可以在土地的地表、地上或者地下分别设立。土地资源具有稀缺性和不可再生性，如何充分发掘土地的价值，是各国共同面临的课题。随着人类社会的进步和发展，特别是现代化专业技术的进步，分层次开发土地成了土地利用的新趋势。我国一些地区也出现利用地下空间建造地下商场、车库等设施，利用地上空间建造空中走廊、天桥等情况。对于空间利用的问题，我国有的地方在出让土地时也进行过探索：将建设用地使用权人对空间享有的权利通过出让土地的四至、建筑物的高度和深度加以确定；其中建筑物的高度根据规划确定，深度根据技术指标确定的建筑物的基底位置确定。确定范围之外的土地使用权仍属于国家，国家可以再次出让。由于我国现行法律、行政法规未对土地分层出让的问题作出规定，实践中，对于专门利用地下或者地上空间的权利性质仍不明确,造成一些土地登记机构无法办理登记手续,相关设施权利人的权利得不到确认和法律上的保护。因此,对土地分层次利用的权利进行规范就势在必行。

我国城市的土地属于国家所有,农村的土地属于集体所有。土地的性质决定了土地上下空间的所有权属于国家和集体,当事人只能通过设定建设用地使用权等用益物权的方式取得对土地以及上下空间的使用。目前,集体土地需要征收为国家所有后才能出让,国家在出让建设用地使用权时,只要对建筑物的四至、高度、建筑面积和深度作出明确的规定,那么该建筑物占用的空间范围就是可以确定的。

例如,同一块土地地下10米至地上70米的建设用地使用权出让给甲公司建写字楼;地下20~40米的建设用地使用权出让给乙公司建地下商场。在分层出让建设用地使用权时,不同层次的权利人是按照同样的规定取得土地使用权的,在法律上他们的权利和义务是相同的,只不过其使用权所占用的空间范围有所区别。所以,建设用地使用权的概念完全可以解决对不同空间土地的利用问题,物权法没有引入空间利用权的概念。本次民法典编纂沿用了物权法的规定。

最后,《民法典》第三百四十六条规定,设立建设用地使用权,应当符合节约资源、保护生态环境的要求,遵守法律、行政法规关于土地用途的规定,不得损害已经设立的用益物权。这对于设立建设用地使用权提出了如下要求。一是节约资源和保护生态环境,这符合我国宪法关于节约资源、保护生态环境的要求,也符合民法典绿色原则的要求。二是遵守法律、行政法规关于土地用途的规定。例如,《土地管理法》第四条规定:"国家实行土地用途管制制度。国家编制土地利用总体规划,规定土地用途,将土地分为农用地、建设用地和未利用地。

严格限制农用地转为建设用地,控制建设用地总量,对耕地实行特殊保护。"三是不得损害已设立的用益物权。

2. 建设用地使用权的行使与限制

首先,建设用地使用权出让的方式原则上主要有两种:有偿出让和无偿划拨。有偿出让是建设用地使用权出让的主要方式,是指出让人将一定期限的建设用地使用权出让给建设用地使用权人使用,建设用地使用权人向出让人支付一定的出让金。有偿出让的方式主要包括拍卖、招标和协议等。划拨是无偿取得建设用地使用权的一种方式,是指县级以上人民政府依法批准,在建设用地使用权人缴纳补偿、安置等费用后将该幅土地交付其使用,或者将建设用地使用权无偿交付给建设用地使用权人使用的行为。但是,出于保护国家土地资源的考量,应当严格限制以划拨方式出让建设用地,因此,根据《土地管理法》第五十四条的规定,下列建设用地,经县级以上人民政府依法批准,可以以划拨方式取得:(1)国家机关用地和军事用地;(2)城市基础设施用地和公益事业用地;(3)国家重点扶持的能源、交通、水利等基础设施用地;(4)法律、行政法规规定的其他用地。

其次,经营性用地以及同一土地有两个以上意向用地者的,应当采取招标、拍卖等公开竞价的方式出让。而通过招标、拍卖、协议等出让方式设立建设用地使用权的,当事人应当采用书面形式,订立建设用地使用权出让合同。这也是《民法典》中为数不多对合同的具体形式与内容进行特殊规定的情形。

最后,建设用地使用权作为重要的不动产权利,自然也应当向登记机构申请建设用地使用权登记。建设用地使用权自登记时设立。登记机构应当向建设用地使用权人发放权属证书。

（四）宅基地使用权

宅基地使用权和土地承包经营权一样，由作为集体成员的农民无偿取得，无偿使用。宅基地使用权是农民基于集体成员的身份而享有的福利保障。在我国社会保障体系尚无法覆盖广大农村的现实下，土地承包经营权解决了农民的基本衣食来源，宅基地使用权解决了农民的基本居住问题。这两项制度以其鲜明的福利色彩成为维护农业、农村稳定的重要制度。正是因为保障功能依然是宅基地使用权制度的首要功能，关于宅基地使用权取得、行使和转让的规定，必须尊重这一现实，以利于保护农民利益，构建和谐社会。

《民法典》第三百六十二条规定：宅基地使用权人依法对集体所有的土地享有占有和使用的权利，有权依法利用该土地建造住宅及其附属设施。

宅基地使用权何以成为一种物权呢？根据《宪法》规定，宅基地和自留地、自留山一样，属于集体所有。《土地管理法》同样也规定了城市市区的土地属于国家所有。农村和城市郊区的土地，除由法律规定属于国家所有的以外，属于农民集体所有；宅基地和自留地、自留山，属于农民集体所有。因此，不难看出，农民使用宅基地是对集体所有的土地的使用。

（五）居住权

居住权是指居住权人对他人所有住宅的全部或者部分及其附属设施，享有占有、使用的权利。尽管在我国民法谱系中，居住权是一种新型权利——为《民法典》所首创，但纵观历史，早在古罗马的婚姻家庭关系中,居住权就在物权法律关系中具有一席之地,即作为人役权的一种形式而存在。该制度设立的初衷,是解决家庭成员的居住和供养问题。

居住权制度在我国的产生与发展,也同样是出于房屋所有权人为与其有特定人身关系的人设立,一般情况下带有扶助、友善、帮助的性质。

《民法典》第三百六十六条规定,居住权人有权按照合同约定,对他人的住宅享有占有、使用的用益物权,以满足生活居住的需要。

首先,不难看出,居住权是住宅所有人为特定自然人的利益在自己所有的住宅上设定的权利。享有居住权的主体范围具有有限性,居住权人以外的人一般不能享有居住权。其次,居住权人只能将享有居住权的住宅用于满足其生活居住的需要,一般情况下,居住权人不能将其享有居住权的住宅出租,但是当事人另有约定的除外。最后,当事人通过订立居住权合同并对居住权进行登记后设立居住权。居住权人对他人的住宅享有的占有、使用的具体权利义务,根据所有权人和居住权人之间订立的居住权合同确定。居住权人为充分地使用其居住的住宅,对住宅的各种附属设施亦有使用权。

(六)地役权

地役权是传统民法用益物权中的一项重要权利,是按照合同约定利用他人的不动产,以提高自己不动产效益的权利。例如,甲乙两工厂相邻,甲工厂原有东门,甲为了本厂职工上下班通行方便,想开一个西门,但必须借用乙工厂的道路通行。于是,甲乙两工厂约定,甲向乙支付使用费,乙工厂允许甲工厂的员工通行,为此双方达成书面协议，在乙工厂的土地上设立了通行地役权。此时，乙地称为供役地，甲地称为需役地。

不难看出，地役权和其他权利相比非常特殊，体现在以下几点：

第一，地役权的主体为不动产的权利人。地役权人为了提高自己不动产的效益而设立地役权。供役地人是在自己的不动产上设置地役权而便利他人行使不动产权利。因此，二者都是不动产的权利人，既可以是不动产的所有权人，如集体土地所有权人、建筑物的所有权人，也可以是不动产的使用权人，如土地承包经营权人、建设用地使用权人、宅基地使用权人。

第二，地役权是按照合同设立的。地役权合同是地役权人和供役地权利人之间达成的以设立地役权为目的和内容的合同。设立地役权，当事人应当采取书面形式订立地役权合同。

第三，地役权是利用他人的不动产。在地役权关系中，需役地和供役地属于不同的土地所有权人或者土地使用权人。利用他人的不动产来提高自己不动产的效益，是地役权设立的主要目的。

五 担保物权

担保物权并非新鲜概念，是权利主体直接支配特定财产的交换价值，以确保债权实现为目的而设定的物权。担保物权制度是现代民法的一项重要制度，在社会经济生活中发挥着重要作用。第一，确保债权的实现，这自然是担保物权的重要使命。债务人是否有能力履行相关义务，很大程度上取决于债务人的信用。如果债务人的信用较差，债权人实现债权就会面临较大风险；如果债权人没有足够的手段规避这种风险，债权人就只好放弃某种民事活动。因此，如何规避交易风险，强化债权效力，确保债权实现是现代民商事立法的重要任务。现代立法为此设计了两种制度：一种是债的担保方式（如保证）；另一种是物的担保方式（即担保物权）。这两种担保方式各有优点。担保物权制度极大地强化了债权效力，减少了交易风险，可以有效确保债权实现。第二，有利于促进社会的融资。由于商业风险的存在，贷款者可能因担心贷款不能得到偿还而拒绝贷款或者少贷款，这将导致融资活动的减少，也会降低经营者发展生产的能力。

（一）担保物权一般规定

1. 担保物权的设立

《民法典》第三百八十七条规定：债权人在借贷、买卖等民事活动中，为保障实现其债权，需要担保的，可以依照本法和其他法律的规定设立担保物权。

这一条对于担保物权的设立背景和目的，以及范围进行了原则性的规范。而对于这一规范的理解，具体规定应注意以下几点。第一，担保物权适用于民事活动，不可以使用在国家行政行为、司法行为等不平等主体之间。担保物权作为民事权利，自然是平等民事主体之间为确保债权的实现而设定的。第二，法条里面，列举了借贷、买卖两种典型的可以设定担保物权的民事活动，但可以设定担保物权的民事活动很广泛，也并不是一定要限制在这两种民事活动的范围里。第三，因侵权行为而产生的债权，不能用事先设定担保物权的方式加以保障，但是因侵权行为已产生的债权，属于普通债权，可以用设定担保物权的方式确保该债权实现。

2. 担保合同的特殊规定

《民法典》第三百八十八条规定：设立担保物权，应当依照本法和其他法律的规定订立担保合同。担保合同包括抵押合同、质押合同和其他具有担保功能的合同。担保合同是主债权债务合同的从合同。主债权债务合同无效的，担保合同无效，但是法律另有规定的除外。

我国的法律和司法实践，对于担保物权，尤其是根据当事人双方意思自治而产生的担保物权，权利设立都要求采用书面形式订立合同。担保合同归根结底还是民事合同的一种，其成立和生效应当符合《民法典》合同编的有关规定。

但值得注意的是，担保物权是要附随于主债权债务关系的。但凡没有主债权债务关系的存在，担保关系也就没有了存在以及实现的可能和价值。体现主债权债务关系的主要是主债权债务合同，体现担保关系的主要是担保合同。担保关系必须以主债权债务关系的存在为前提。从这个意义上讲，担保合同是主债权债务合同的从合同。对于担保物权的附随性，《物权法》规定，担保合同是主债权债务合同的从合同。《民法典》物权编继承了《物权法》的规定。

在主债权债务合同无效导致担保合同无效时，虽然不存在履行担保义务的问题，但债务人、担保人或者债权人并非不承担任何法律后果。在民事法律行为无效后，行为人因该行为取得的财产，应当予以返还；不能返还或者没有必要返还的，应当折价补偿。有过错的一方应当赔偿对方由此所受到的损失；各方都有过错的，应当各自承担相应的责任。法律另有规定的，依照其规定。同样的道理，在主债权债务合同无效，担保合同也无效的情况下，如果债务人、担保人或者债权人对合同的无效有过错的，应当根据其过错各自承担相应的民事责任。这里的"相应的民事责任"指当事人只承担与其过错程度相当的民事责任。例如，担保合同无效完全是由于主债权债务合同违背公序良俗导致无效的，则过错完全在债务人与债权人，责任应完全由债务人和债权人自己承担。

但是，值得注意的是，导致担保合同无效的原因很多，主债权债务合同无效导致担保合同无效只是原因之一。在主债权债务合同有效的情况下，担保合同也可能无效。例如，担保合同因违反法律、行政法规的强制性规定而无效，因担保人为无民事行为能力人而无效，等等。也就是说，判断担保合同是否有效，不能仅以主债权债务合同是否有效为标准，还要看担保合同本身是否有法律规定的合同无效情形。在主债权债务合同有效，担保合同无效的情形下，债务人、担保人或者债权人对担保合同无效有过错的，也应当各自承担相应的民事责任。在这种情况下，如果是债务人为担保人，主债权债务合同仍然有效，只是主债权失去担保，其对担保合同无效有过错的，应当对债权人承担过错责任；如果第三人为担保人的，担保人不再承担责任，但是担保人对担保合同无效有过错的，其对债务未能履行的部分，承担相应的过错责任。

（二）抵押权

抵押权是指为担保债务的履行，债务人或者第三人不转移财产的占有，将该财产抵押给债权人的，债务人不履行到期债务或者发生当事人约定的实现抵押权的情形，债权人有权就该财产优先受偿。抵押法律关系的当事人为抵押人和抵押权人，客体为抵押财产。抵押人指为担保债务的履行而提供抵押财产的债务人或者第三人。抵押权人指接受抵押担保的债权人。抵押财产指抵押人提供的用于担保债务履行的特定的物。

1. 抵押权不同于其他担保物权

抵押权是担保物权之中重要的一类，但是和其他类型的担保物权相比，抵押权有一个非常明显的特征，即不转移标的物的占有。因为抵押权的客体多为不动产。因此，在抵押权设定后，抵押人不必将抵押财产转移于抵押权人占有，抵押人仍享有对抵押财产的占有、使用、收益和处分的权利，这是抵押权区别于质权、留置权的特征。抵押权无须转移抵押财产的占有有下列优势：一是设定抵押权后，抵押人仍能占有抵押财产而进行使用、收益和处分，这有利于抵押人；二是抵押权人无须承担保管抵押财产的义务，但能获得完全的抵押权，这有利于抵押权人；三是由于抵押财产仍然保存在抵押人处，抵押人可以对其抵押财产进行保值增值，资源可以有效利用，充分发挥财物的使用价值。

2. 抵押权的设立

首先，可设置抵押权的财产范围。一方面，根据《民法典》的规定，抵押权的客体范围可以在以下不动产之上：（1）建筑物和其他土地附着物；（2）建设用地使用权；（3）海域使用权；（4）生产设备、原材料、半成品、产品；（5）正在建造的建筑物、船舶、航空器；（6）交通运输工具；（7）法律、行政法规未禁止抵押的其他财产。另一方面，《民法典》同样规定了以下财产不得抵押：（1）土地所有权；（2）宅基地、自留地、自留山等集体所有土地的使用权，但是法律规定可以抵押的除外；（3）学校、幼儿园、医疗机构等为公益目的成立的非营利法人的教育设施、医疗卫生设施和其他公益设施；（4）所有权、使用权不明或者有争议的财产；（5）依法被查封、扣押、监管的财产；（6）法律、行政法规规定不得抵押的其他财产。

其次，抵押权合同的规范。设立抵押权不仅要求当事人双方意思表示一致，还要求通过一定的法律形式表现出来，该种法律形式就是合同。合同有口头和书面之分，对于比较重大、容易发生纠纷或者需经一段时间才能终结的民事法律行为，应当采用书面形式。事实上，在《民法典》物权编中，存在许多类似这样被法律明文规定其形式或者内容的合同。抵押涉及的财产数额较大，法律关系比较复杂，而且要在一段时间内为债权担保，因此，法律要求以书面形式订立抵押合同。但对于合同内容的要求，《民法典》采取了指导性而非强制性的规范。

3. 对流押情形的限制

流押，是指债权人在订立抵押合同时就和抵押人约定，债务人不履行债务时抵押财产归债权人所有。我国民事立法，从《担保法》《物权法》到《民法典》均禁止当事人约定流押条款，主要是存在以下几个方面的考量：

第一，在设立抵押权时，抵押人处于资金需求者的地位，一些抵押人出于紧急需要，可能不惜以自己价值很高的抵押财产去为价值远低于该抵押财产的债权担保，这不仅不利于保护抵押人的合法权益，也与民法规定的平等、公平的原则相悖。

第二，禁止流押的规定也要保证对抵押权人公平，如果流押条款订立后，因抵押财产价值缩减导致债权无法满足，对债权人也是不公平的。抵押权的设立不是风险投资，需要公平地保障债权人和抵押人的合法权益。

第三，流押条款可能损害抵押人的其他债权人的利益。

第四，流押条款订立后，当事人双方是否依照约定履行了合同，不履行的原因是什么，可能相当复杂，如果因抵押权人的原因造成债务不履行，抵押权人又可以将抵押财产直接转为自己所有，可能会引发更大的麻烦，带来当事人双方特别是债务人的更高的成本。

（三）质权

债务人或者第三人将其动产移转给债权人占有作为债权的担保，当债务人不履行到期债务或者当事人约定的实现质权的情形出现时，债权人享有以该动产折价或者就拍卖、变卖该动产的价款优先受偿的权利。质押法律关系的当事人为质押人和出质人，客体为质押财产。出质人指为担保债务的履行而提供质押财产的债务人或者第三人。质权人指接受质押担保的债权人。质押财产指出质人提供的用于担保债务履行的特定的动产。

1. 质权不同于其他担保物权

质权也是担保物权之中非常重要的一类。但和抵押权不同的是，质权常设置于动产或者权利之上。因此导致了质权，尤其是动产质权的设立与权利行使，多以占有权利标的为前提。

动产质权由债权人占有质押财产为生效条件。质权是以质权人占有质押财产为条件的，质权人只有占有质押财产才享有质权，移转质押财产的占有是质权与抵押权的根本区别。因此，出质人须将质押财产交付质权人占有，质权人才能取得质权。

2. 质权的设立

首先，对于可以出质的动产的范围，《民法典》并没有作出逐一规定，但是这并不意味着任何动产均可以出质。可以出质的动产除了需要符合一般的物的特征外，还必须是依法可以流通和让与的动产，如果以法律、行政法规禁止转让的动产出质的，则该设立质权的民事法律行为无效。

其次，质权的设置，同样需要签订书面合同，即质押合同予以约定。设定质权的行为为要式行为，应当采用书面的形式进行。关于动产质权的合同形式，虽然口头合同简单、易行，但一旦发生争议，不易证明其存在及具体内容，不利于事实的查明和纠纷的解决，为了便于确定当事人的权利义务、民事责任等法律关系，促使当事人谨慎行使担保物权，减少纠纷的发生，规范设定质权的行为，法律规定应当采用书面形式订立质押合同。

3. 对于流质情形的限制

事实上，这一规定和抵押权有着异曲同工之处。流质条款，指债权人在订立质押合同时与出质人约定，债务人到期不履行债务时质押财产归债权人所有。当然，从现实生活与经济发展看，债务人借债，并非都是处于弱势地位，借债并进行质权担保的发生原因是多样化的。但从总体上说，为了保证担保活动的平等、自愿、公平和诚实信用，规定禁止流质条款还是十分必要的。大多数国家和地区的立法例也一般均禁止出质人与质权人以流质条款处分质押标的物，以保证质押合同当事人之间的公平。

（四）留置权

留置权是一类非常特殊的担保物权，它并非因双方或多方当事人的共同意思表示而产生。留置权一般是在债务人不履行到期债务时，债权人将原本就已经合法占有的债务人的某一项或多项动产，予以合法地留置。在此之后，如果债务人依然不偿还债务，债权人可以就该动产优先受偿。此时，债权人是留置权人，占有的动产便为留置财产。例如，某人在车行修理其自行车，在合同完成后，未向车行给付相应修理费用。则此时车行有权利留置其自行车，在合理的时间范围内如果此人依然未支付修车费用，那么车行可以拍卖、变卖其自行车辆，并就其价款优先受偿，给付车辆修理费用。这种权利，就是留置权。

留置权设定的目的在于维护公平原则，督促债务人及时履行义务。但由于其权利行使的方式较为特殊，因此法律对留置权的设立具有较为严格的要求。具体而言，有以下几个条件：

第一，债权人已经合法占有债务人的动产。正如上述例子，车行想要行使留置权，必须已经合法占有了自行车。此要件包含三层意思：其一，必须是动产。留置权的标的物只能是动产，债权人占有的不动产上不能成立留置权。其二，必须债权人占有动产。债权人的这种占有可以是直接占有，也可以是间接占有。但单纯的持有不能成立留置权。如占有辅助人虽持有动产，却并非占有人，因此不得享有留置权。其三，必须合法占有动产。债权人必须基于合法原因而占有债务人动产，如基于承揽、运输、保管合同的约定而取得动产的占有。如果不是合法占有债务人的动产，不得留置，如债权人以侵权行为占有债务人的动产。

第二，债权人占有的动产，应当与债权属于同一法律关系。除了企业之间留置的特殊规定以外，留置财产必须与债权的发生处于同一法律关系中。比如，自行车所有权人不按约定支付修车费用，车行只能留置其自行车——基于统一法律关系所占有的物，此时留置权才得以成立。如果车行留置的是债务人的其他财产，则该留置权不能成立。

第三，债务人不履行到期债务。债权人对已经合法占有的动产，并不能当然成立留置权，留置权的成立还须以债权已届清偿期而债务人未全部履行为要件。如果债权未到期，那么债务人仍处于自觉履行的状态中，还不能判断债务人到期能否履行债务，这时留置权还不能成立。只有在债务履行期限届满，债务人仍不履行债务时，债权人才可以将其合法占有的债务人的动产留置。

六 占有制度

占有，是指民事主体对物存在一种事实上的控制与支配。根据占有是否具有合法的依据，可以分为有权占有和无权占有。前者是说，基于某种合法的原因，例如合同等债的关系而产生的占有，如根据运输或者保管合同，承运人或者保管人对托运或者寄存货物发生的占有；后者当然就是指占有某物并不存在合法的依据，这主要发生在占有人对不动产或者动产的占有无正当法律关系，或者原法律关系被撤销或无效时占有人对占有物的占有，包括误将他人之物认为己有或者借用他人之物到期不还等情形。

（一）占有何以值得保护

事实上，在我国民法理论与实践之中，占有并非一种物权，或者说，并非一种权利，只是一种支配的事实状态。

尽管占有并非权利，但《民法典》依然对其进行了保护。占有保护的理由在于，已经成立的事实状态，不应受私力而为的扰乱，而只能通过合法的方式排除，这不仅是对作为民事主体的占有人的保护，也是一般公共利益的要求。例如，甲借用乙的自行车，到期不还构成无权占有，乙即使作为自行车的物主也不可采取暴力抢夺的方式令甲归还原物；而对于其他第三方的侵夺占有或者妨害占有的行为等，甲当然可以依据本条的规定行使占有的保护。

占有人无论是有权占有还是无权占有，其占有受他人侵害，即可行使法律给予的占有保护请求权；而侵害人只要实施了《民法典》所禁止的侵害行为，即应承担相应的责任，法律不问其是否具有过失，也不问其对被占有的不动产或者动产是否享有权利。

（二）有权占有与无权占有

尽管有权占有和无权占有这两种情形、两种占有发生的原因各不相同，但法律后果的处理不外乎两类情形：其一是在占有过程中，被占有的不动产或者动产的使用、收益以及损害赔偿责任该如何确定；其二是当被占有的不动产或者动产遭到第三方侵夺或者妨害时，占有人能够行使哪些权利保护自己对不动产或者动产的占有。

第一个问题是，占有过程中，被占有的不动产或者动产的使用、收益以及损害赔偿责任该如何确定？对此，因有权占有和无权占有的区别而存在差别。对于因合同等债的关系而产生的占有，《民法典》明确规定，有关被占有的不动产或者动产的使用、收益、违约责任等，按照合同约定；合同没有约定或者约定不明确的，依照合同法等有关法律的规定。比如，我租用了好友的商业房产用于经营，交付后，我即有权占有好友所有的房产。对于我在经营过程中，如何使用此房产、如何获得收益，根据租赁合同约定执行即可。如果没有约定的，则可以根据法律规定确定。但是在无权占有的情形之下，有关不动产或者动产的使用、收益及损害赔偿责任等，应当直接依据《民法典》关于无权占有的规定予以具体分析。

第二个问题是，被占有的不动产或者动产被侵夺的，该如何处理？对此，不因有权占有和无权占有的区别而有不同，它们都可适用《民法典》关于占有保护请求权的规定，即占有的不动产或者动产被侵占的，占有人有权请求返还原物；对妨害占有的行为，占有人有权请求排除妨害或者消除危险；因侵夺或者妨害造成损害的，占有人还有权请求损害赔偿。

1. 有权占有的责任分担

在有权占有的情况下，如基于租赁或者借用等正当法律关系而占有他人的不动产或者动产时，当事人双方多会对因使用而导致不动产或者动产的损害责任作出约定。大多数情况下，对于因正常使用而导致不动产或者动产的损耗、折旧等，往往由所有权人负担，因为有权占有人所支付的对价就是对不动产或者动产因正常使用而发生损耗的补偿。例如，甲公司将其小轿车出租给乙公司使用，乙公司每月支付给甲公司5000元钱使用费，半年后该车必然会因使用而发生损耗折旧。此时，一般情况下甲公司不能向乙公司要求额外的损害赔偿，因为乙公司每月所支付的租用费即是对轿车使用价值的补偿。当然，如果乙公司采取破坏性方式使用该车，致使该车提前报废，如果双方对此有事前约定，那么按其约定处理。

2. 无权占有的责任分担

对于无权占有时，无权占有人需要承担何种责任，就需要根据无权占有的具体情况判断。根据占有人的主观状态，可以分为善意占有和恶意占有。所谓善意占有就是占有人在主观上认为自己有权占有标的物。所谓恶意占有，指明知或者因重大过失不知自己为无权占有而仍然进行的占有。善意占有人使用占有物致使物遭受损害的，各国立法例一般都规定无需承担责任，背后的立法逻辑就是，法律对于占有赋予了几种法律效力，其一就是权利的推定效力，占有人于占有物上行使的权利，推定其适法有此权利，而善意占有人在使用占有物时即被法律推定为物的权利人，具有占有使用的权利。因此，对于使用被占有的物而导致的物的损害，不应负赔偿责任。

合同基本制度

第五讲
CHAPTER 5

我们对合同并不陌生，但合同与契约、协议有何不同？尤其是，民法典还有一个非常重要但不容易理解的民事法律行为概念，那么合同与民事法律行为又是什么关系？本讲首先简单介绍合同的历史，说明合同与契约、协议的关系；然后重点介绍合同与民事法律行为的关系，以及民法典规定的重要合同制度；最后简单介绍合同谈判、签署和履行过程中需要防范的重要风险。

一 合同的历史

说到合同，新中国成立前出生的老人可能还熟悉契约这个概念。合同和契约是什么关系，我们该如何对待合同？

很多人经常混用合同和契约，一会儿说订立合同，一会儿又说契约自由。其实，合同在新中国成立之前被称为契约，但是合同和契约并不是一回事。早在西周，就有了契约。在漫长的发展过程中，契约有很多名称，如傅别、书契、券契、租契、私约、红契、白契、官契、纸契等。最早的契约出现在纸发明之前，当时的契文都是刻在竹简木牍上。纸发明后，人们在纸上书写契文，为了取信和对质，便在分别写有全部契文的左右两契并合处书写一个大的"同"字。这样，立约人各自的契纸上便各有半个"同"字。遇有争议，便将两契合到一起，如果"同"字能够对得上，就没问题。后来又索性书写"合同"两字，"合同"概念由此而来，合同契也成为广泛使用的一种契约形式。南北朝以后，由立契人署名画押的单契逐渐取代合同契，因而"合同"一词也逐渐退出契约领域。

由此可见，我国古代的契约制度历史悠久、形式多样，合同只是契约的一种。严格说，它是验证契约的一种标记，类似今天的押缝标志，它本身并不是当事人之间的协议。一直到1949年新中国成立时，大都还使用"契约"一词。新中国成立初期，合同和契约并用，但之后的法律文本只用合同。

历史地看，古代商品交换比较烦琐。罗马的重大交换有的需通过宗教仪式，要有五名证人和一名手持铜秤的人，卖方还需要念誓词；有的需要经过虚拟的法庭审理程序，比如转让某个奴隶的所有权时，买方抓住奴隶并用庄重的语气声明该奴隶是他的财产，而卖方则在裁判官询问他是否提出相反要求时保持沉默，之后，裁判官判归买方所有。我国出土汉墓中发现的刻于砖石之上的"买地券"，包括地界、证人、不得侵犯等项内容。唐代的市场交换，买奴婢及大牲畜，按规定必须立"市券"，以证明交易是合法的，否则"过三日，笞三十，卖者减一等"。

近代合同制度形成于17、18世纪，成熟于19世纪。典型特点是奉行"契约自由"和"契约神圣"，不仅是否订立契约自由，订立契约的内容和形式也自由。法律对当事人的契约很少有干预。

20世纪以来，资本主义工商业的发展使得合同当事人之间的地位发生了深刻变化，弱者有时只能在"要么接受、要么走开"之间进行所谓的选择，并无讨价还价的余地。面对形式上自由、实质上严重不公，现代各国对合同自由进行适度干预。最为典型的就是对各式各样的"霸王条款"说"不"。按照我国法律，保险公司提供的保险条款免除或者减轻保险公司的责任，应当提示投保人注意，并在投保人要求时予以说明，否则投保人可以主张该条款不成为合同的内容。

值得注意的是合同与协议的关系。《民法典》第三编的编名为"合同",既有合同的一般规定,也有典型合同的具体规范。在合同编之外,民法典还规定了监护协议、姓名肖像等许可协议、离婚协议、收养协议、遗赠抚养协议等。那么,合同与协议是什么关系?

根据《民法典》合同编第一条(《民法典》第四百六十三条)和第二条(《民法典》第四百六十四条),合同编调整因"合同"而产生的民事关系,至于因婚姻、收养、监护等有关身份关系的"协议"产生的民事关系,适用有关该身份关系的法律规定;没有规定的,可以参照其性质适用本编规定。由此可见,虽然生活中合同与协议经常混用,但在民法典的意义上,二者有区别,那就是涉及财产交换的协议称为合同,涉及人格、身份的协议就叫协议。合同与协议,不仅可以适用的法律不同,其相应的纠纷解决渠道也不同。如根据《仲裁法》第二条、第三条,平等主体的公民、法人和其他组织之间发生的合同纠纷和其他财产权益纠纷,可以仲裁,而婚姻、收养、监护、扶养、继承纠纷不能仲裁。

二 合同与民事法律行为

何为民事法律行为?民事法律行为是民法典中一个使用比较频繁但又抽象、不好理解的概念。合同是典型的民事法律行为,除了合同之外,民事法律行为还包括单方地抛弃所有权的行为,免除债务人债务的行为,遗嘱行为,捐助财产并设立财团法人的行为,悬赏广告,行使撤销权、解除权或抵销权的行为,接受或放弃受遗赠的表示等，而且，离婚协议、收养协议等身份关系的协议也属于民事法律行为。民事法律行为的核心是意思表示，民事主体要按照自己的意愿安排生活，就得将自己的"意思"表达出来，即意思表示，目的是设立、变更、终止民事法律关系，结果是民事权利义务的得丧变更。比如，张某在微信朋友圈发布一则信息：出租某小区二室一厅房屋一套，月租金3000元。王某看到消息后约张某看房，觉得房屋可以，便问租金2500元可不可以。张某看在"微友"的分上，表示同意，但提出需交半年租金的保证金，且必须每月10日前支付下个月租金，迟延超过20天便收回房屋。王某说这没有问题，于是张某就把房屋钥匙给了王某。后来王某也没有交保证金，半年后，王某因一时资金周转困难迟延支付租金1个多月，张某催要无果后便给王某发微信称：合同解除，3日内腾退房屋并支付所欠租金。在这个案例中，张某为了出租房屋、王某为了承租房屋，先后多次表示其"意思"，结果是订立了合同，实现了双方设立合同债权的目的。同时，在王某违约迟延支付租金超过1个月的情况下，张某按照双方事先约定通知解除租赁合同，这属于按照合同约定单方行使合同解除权（不需要王某同意合同即解除），其目的就是终止合同关系，收回房屋。在这个案例中，意思表示包括张某的第一条微信朋友圈信息（民法上称之为要约邀请）、王某认为房屋可以但租金2500元可不可以（民法上称之为要约）、张某同意租金2500元但提出其他条件（民法上称之为反要约）、王某表示同意（民法上称之为承诺），至此，合同成立。之后，因王某违约，张某催要、通知单方解除合同，催要、解除合同通知均属意思表示。正是众多的意思表示促成合同成立，也正是张某的解除权行使行为，导致合同消灭，而合同行为、解除权行使行为，就是民事法律行为。关于民事法律行为，值得强调的有以下几点。

第一，意思表示一般要以明示的方式作出，但在特定情况下，也可以以沉默方式作出。比如，一般的赠与合同需要赠与人表示赠与，受赠人表示接受赠与方可成立，不是说别人的赠与我都得接受，否则怎么会有"廉者不受嗟来之食"之名言？何况，如果别人的赠与不经受赠人同意即生效，那某下属给上级送的礼品上级如何拒绝？但是，如果春节期间亲朋好友之间互送小礼品，很多时候接受礼品的一方也不作专门的意思表示，那么这种沉默应该视为同意接受。只不过，沉默只有在有法律规定、当事人约定或者符合当事人之间的交易习惯时，才可以视为意思表示。实践中，有时候特定行为本身即表达了其内心意思，如春节期间朋友互发红包，一方发的红包他方点收，之后他方反过来回发一个红包，也被点收。这里，点收行为本身即表明了其同意接受的意思。

第二，民法对民事主体意愿和选择的尊重体现在对其意思表示的尊重。这种尊重一以贯之地体现在民法典各部分，如对民事行为能力的界定和划分以辨别能力和意思表示能力为标准，用益物权和担保物权的设立、合同的订立、夫妻财产制的约定、离婚协议、收养协议、监护协议、遗嘱和遗赠抚养协议等，都是对民事主体"意思""意愿"的尊重。

第三，民事法律行为虽然种类繁多、形态各异，但具有以下特点：一是民事法律行为能够在当事人之间引起民事权利义务关系的发生、变更或者消灭。二是民事法律行为都是当事人的意思表示行为。一项法律行为可以由一个意思表示行为构成，如抛弃所有权的行为、解除合同的行为、立遗嘱的行为等，但大多数民事法律行为是合同行为。

三是民事法律行为所引起的具体法律效果是由当事人的意思表示所决定的。法律行为产生怎样的法律后果，取决于行为人所表达出来的意思。一定程度上可以说，民事法律行为制度体现了对市场主体意愿的尊重，允许当事人"说了算"。不过，虽然民法尊重当事人的意愿和选择，让当事人自己"说了算"，但当事人"说"的不一定都"算数"。民事法律行为有有效的、无效的、效力待定的，还有虽然有效但一方当事人有权撤销的。

第四，民事主体要做到自己"说了算"，要让法律行为产生预期的效果，至少要满足以下几个条件：一是行为人具有相应的民事行为能力，无民事行为能力人实施的民事法律行为无效，限制民事行为能力人实施的纯获利益的民事法律行为或者与其年龄、智力、精神健康状况相适应的民事法律行为有效，但所立的遗嘱无效。二是意思表示真实。民法尊重民事主体的选择和意愿，但也只尊重真实的选择和意愿。因此，基于重大误解、受欺诈、被胁迫、危困状态或缺乏判断能力被利用等而实施的非真实的意思表示，将可能影响民事法律行为的效力，不必然发生当事人追求的法律效果。三是不违反法律、行政法规的强制性规定，不违背公序良俗。注意，这里的强制性规定指的是法律、行政法规的强制性规定，不包括地方性法规、规章和规范性文件的强制性规定。此外，并不是违反法律、行政法规的任何强制性规定都必然导致民事法律行为无效。强制性规定有效力性强制性规定和管理性强制性规定之分。有些强制性规定明确规定违反该规定的合同无效，比如《民法典》第七百零五条规定的"租赁期限不得超过二十年。超过二十年的，超过部分无效"。又如第一千零七条第一款规定"禁止以任何形式买卖人体细胞、人体组织、人体器官、遗体"，第二款紧接着规定"违反前款规定的买卖行为无效"。然而,大量的强制性规定并未规定违反之后对民事法律行为的效力。四是基于私法自治原则,民事法律行为以不具有特定形式为原则,以要求某种形式要式(主要为书面形式)为例外,因此只要法律没有规定为要式的法律行为即为不要式行为。从民法典对民事法律行为形式的要求来看,要求具备特定形式的民事法律行为主要集中在以下几个方面:离婚、收养、遗嘱等身份行为或者与身份相关的行为;房屋买卖、建设用地使用权出让转让等以变动不动产物权为内容的法律行为;抵押、质押、定金等各类担保合同行为;《民法典》合同编规定的银行借款合同、融资租赁合同等。

第五,根据民法典规定,以下民事法律行为是可撤销的:基于重大误解实施的民事法律行为,行为人有权请求人民法院或者仲裁机构予以撤销;一方以欺诈手段,使对方在违背真实意思的情况下实施的民事法律行为,受欺诈方有权请求人民法院或者仲裁机构予以撤销;第三人实施欺诈行为,使一方在违背真实意思的情况下实施的民事法律行为,对方知道或者应当知道该欺诈行为的,受欺诈方有权请求人民法院或者仲裁机构予以撤销;一方或者第三人以胁迫手段,使对方在违背真实意思的情况下实施的民事法律行为,受胁迫方有权请求人民法院或者仲裁机构予以撤销;一方利用对方处于危困状态、缺乏判断能力等情形,致使民事法律行为成立时显失公平的,受损害方有权请求人民法院或者仲裁机构予以撤销。需要注意的是,撤销权的行使应在法律规定的期限内完成,否则,撤销权将消灭。《民法典》第一百五十二条规定,有下列情形之一的,撤销权消灭:(1)当事人自知道或者应当知道撤销事由之日起一年内、重大误解的当事人自知道或者应当知道撤销事由之日起九十日内没有行使撤销权;(2)当事人受胁迫，自胁迫行为终止之日起一年内没有行使撤销权；（3）当事人知道撤销事由后明确表示或者以自己的行为表明放弃撤销权。此外，当事人自民事法律行为发生之日起五年内没有行使撤销权的，撤销权消灭。

第六，根据民法典规定，以下民事法律行为是无效的：无民事行为能力人实施的民事法律行为无效；行为人与相对人以虚假的意思表示实施的民事法律行为无效；违反法律、行政法规的效力性强制性规定的民事法律行为无效；违背公序良俗的民事法律行为无效；行为人与相对人恶意串通，损害他人合法权益的民事法律行为无效。关于遗嘱，民法典有一些特殊规定，无民事行为能力人或者限制民事行为能力人所立的遗嘱无效；受欺诈、胁迫所立的遗嘱无效；伪造的遗嘱无效；遗嘱被篡改的，篡改的内容无效。需要注意的是，无效的法律行为不能产生当事人追求的法律效果，但并不是没有任何法律效力。法律行为被认定无效后，会产生返还财产、折价补偿，甚至赔偿等法律后果。

第七，善于运用民事法律行为制度实现好、维护好民事权益。民事法律行为制度，既是有效实现权利的重要制度，也是救济权利、维护权益的重要制度，实现好、维护好权益，需要重视、灵活运用民事法律行为制度。要善于用合同制度安排生活，包括当下的和未来的生活甚至身后的事务；要善于运用其他民事法律行为实现权益、维护权益。要知道，民法典规定的民事法律行为制度给我们提供了广阔的选择空间和多样的实现工具，关键是如何运用好这些权利和工具。比如，对于继承和遗赠的接受或放弃，民法典设计了完全不同的规则，即继承开始后，继承人放弃继承的，应当在遗产处理前，以书面形式作出放弃继承的表示；没有表示的，视为接受继承。而受遗赠人应当在知道受遗赠后六十日内，作出接受或者放弃受遗赠的表示；到期没有表示的，视为放弃受遗赠。还比如，对转租行为的认可或否定，根据民法典的规定，转租应经出租人同意，承租人未经出租人同意转租的，出租人可以解除合同。如果出租人知道或者应当知道承租人转租，但是在六个月内未提出异议的，视为出租人同意转租。

第八，民事主体可以通过代理人实施民事法律行为。关于代理，值得关注的有以下几点：一是依照法律规定、当事人约定或者民事法律行为的性质，应当由本人亲自实施的民事法律行为，不得代理。比如，《民法典》第一千零四十九条规定"要求结婚的男女双方应当亲自到婚姻登记机关申请结婚登记"，第一千零七十六条规定"夫妻双方自愿离婚的，应当签订书面离婚协议，并亲自到婚姻登记机关申请离婚登记"。这就意味着申请结婚登记、离婚登记是不可代理的。二是代理是代理人在代理权限内，以被代理人名义实施的民事法律行为，对被代理人发生效力。这就要求代理人要以被代理人的名义行为，当然代理的后果归被代理人。需要说明的是，民法意义上的代理与经济学意义上的代理或许不同，目前正在推行的自然资源委托代理机制试点，一个亟待解决的问题就是，在自然资源权益处理的央地关系上，究竟应当采取代理机制还是代表机制。《企业国有资产法》明确采取代表机制，目前的自然资源改革规定的是代理机制，而采取代理机制的后果必然属于被代理人，这不利于调动地方的积极性，也不利于自然资源的可持续保护利用。三是代理主要包括委托代理和法定代理两种方式，委托代理人按照被代理人的委托行使代理权，法定代理人依照法律的规定行使代理权。比如委托律师与他人商务合同，律师作为委托代理人依照授权行事；父母作为未成年人的法定代理人，依照法律规定接受亲戚朋友给孩子给的压岁钱。需要注意的是，代理人不得"自己代理"，即不得以被代理人的名义与自己实施民事法律行为，但是被代理人同意或者追认的除外；代理人也不得"双方代理"，即代理人不得以被代理人的名义与自己同时代理的其他人实施民事法律行为，但是被代理的双方同意或者追认的除外。四是执行法人或者非法人组织工作任务的人员，就其职权范围内的事项，以法人或者非法人组织的名义实施的民事法律行为，对法人或者非法人组织发生效力。法人或者非法人组织对执行其工作任务的人员职权范围的限制，不得对抗善意相对人。五是《民法典》第一百七十二条规定："行为人没有代理权、超越代理权或者代理权终止后，仍然实施代理行为，相对人有理由相信行为人有代理权的，代理行为有效。"这即为民法理论上的"表见代理"，意即代理人虽然没有代理权，但对于相对人而言，他却有拥有代理权的"表象"，因而，出于保护相对人、维护市场交易秩序的考虑，民法典规定代理行为有效。比如代理人的授权被解除后，未及时收回介绍信、盖有合同专用章或盖有印章的空白合同书，本无代理权的"代理人"拿着这些资料实行"代理行为"，他人无从知晓"代理人"无代理权的，就构成表见代理。当然，当被代理人能够证明行为人持有的介绍信或空白合同书系"盗用"的，不构成表见代理。

三 民法典规定的合同制度

整部民法典共1260条，合同编就有500多条，足以说明合同对我们的生活是多么重要。今天我们每个人，不管是购置房产、汽车，还是租房、网购，似乎每一天都很难离开合同。以下介绍基本合同制度。

（一）合同的分类

依据不同分类标准，合同可以被划分为不同的类型。值得领导干部关注的分类主要有：

一是有偿合同和无偿合同。区分有偿合同与无偿合同的意义在于无偿合同债务人的注意义务较有偿合同轻。因此，一般而言，无偿合同债务人仅负故意或重大过失责任，而有偿合同的债务人则对一般的轻过失也要负责。如《民法典》第六百六十二条规定，赠与的财产有瑕疵的，赠与人不承担责任；附义务的赠与，赠与的财产有瑕疵的，赠与人在附义务的限度内承担与出卖人相同的责任；赠与人故意不告知瑕疵或者保证无瑕疵，造成受赠人损失的，应当承担赔偿责任。

二是诺成合同与实践合同。这是依据合同的成立是否以交付标的物为要件而作的划分，实践合同的成立不仅须当事人意思的一致，还须交付标的物。绝大多数合同为诺成合同，自然人之间的借款合同、定金合同、保管合同为实践合同，但当事人可以约定其为诺成合同。这就意味着，如果双方仅仅就定金数额达成了一致，但在定金给付之前，定金合同是不成立的，即使一方不按照约定支付定金，也不能让其承担违约责任，因为连"约"都没有，何谈"违约"。

三是要式合同与不要式合同。这是依据合同的成立是否需要采用特定形式或手续为标准划分的合同类型。要式合同是合同的成立要求采用特定形式或手续的合同。"特定形式和手续"是指经特别规定或约定的书面形式、公证、签证、批准和登记等。《民法典》第五百零二条第二款规定："依照法律、行政法规的规定，合同应当办理批准等手续的，依照其规定。未办理批准等手续影响合同生效的，不影响合同中履行报批等义务条款以及相关条款的效力。应当办理申请批准等手续的当事人未履行义务的，对方可以请求其承担违反该义务的责任。"这就意味着未办理批准等手续可能导致合同不生效，但即使合同不生效，不影响合同中履行报批等义务条款以及相关条款的效力，如果应当办理申请批准等手续的当事人未履行义务，对方可以请求其承担违约责任。第五百零二条第三款规定："依照法律、行政法规的规定，合同的变更、转让、解除等情形应当办理批准等手续的，适用前款规定。"

四是有名合同与无名合同。这是根据合同的类型和名称是否被法律所规定为标准所作的划分。有名合同，也称为典型合同，是指法律对合同类型作了规定，并且赋予了一定名称的合同。合同法规定了买卖合同等15种有名合同。保险法、担保法及其他法律所规定的保险合同、保证合同等合同均为有名合同。民法典规定了19种有名合同，包括增加规定了物业服务合同、保理合同等合同类型，将合同法规定的居间合同修改为中介合同。无名合同是法律没有赋予特定名称，也未规范而由当事人任意约定的合同。有名合同首先适用法律对该类合同的规定，而无名合同则适用合同编通则的规定，并可以参照适用最相类似合同的规定。

五是格式合同与非格式合同。格式合同是指当事人一方为了重复使用而预先拟订对所有相对人采用的交易条件，并在订立合同时由相对人决定是否承诺的合同，如保险合同、铁路运输合同，以及供用电、热、水、气合同等。非格式合同是指合同内容由当事人双方自由协商决定的合同。民法典对格式合同规定了规制的具体规则和方法，主要包括格式条款对当事人权利义务的确定应符合公平原则、对格式条款的合理提示原则、合同解释的不利解释原则。例如，民法典规定，采用格式条款订立合同的，提供格式条款的一方应当遵循公平原则确定当事人之间的权利和义务，并采取合理的方式提示对方注意免除或者减轻其责任等与对方有重大利害关系的条款，按照对方的要求，对该条款予以说明。提供格式条款的一方未履行提示或者说明义务，致使对方没有注意或者理解与其有重大利害关系的条款的，对方可以主张该条款不成为合同的内容。同时规定，如果存在提供格式条款一方不合理地免除或者减轻其责任、加重对方责任、限制对方主要权利，或者排除对方主要权利，则该格式条款无效。

六是主合同与从合同。主合同是两个以上相互关联的合同中，不以他种合同的存在为前提而能够独立存在的合同。从合同是指必须以他种合同的存在为前提而自身不能独立存在的合同，如设有担保的借贷合同中，借贷合同为主合同，担保合同为从合同。主合同的效力往往影响从合同的效力，即从合同以主合同的存在为前提，主合同无效，从合同除了法律另有规定或当事人另有约定的以外也随之无效；主合同变更或终止，从合同一般也随之变更或终止。相反，从合同不成立或无效，一般不影响主合同的效力。最后，需要强调的是，民法典增加了预约合同的具体规定。当事人约定在将来一定期限内订立合同的认购书、订购书、预订书等，构成预约合同。当事人一方不履行预约合同约定的订立合同义务的，对方可以请求其承担预约合同的违约责任。

（二）合同的订立

当事人订立合同，可以采用书面形式、口头形式或者其他形式。订立合同，常见的方式是要约、承诺方式。要约的内容应当具体确定，表明经受要约人承诺，要约人即受该意思表示约束。拍卖公告、招标公告、招股说明书、债券募集办法、基金招募说明书、商业广告和宣传、寄送的价目表等为要约邀请，商业广告和宣传的内容符合要约条件的，构成要约。承诺的对象是要约，承诺的内容应当与要约的内容一致，受要约人对要约的内容作出实质性变更的，为新要约。有关合同标的、数量、质量、价款或者报酬、履行期限、履行地点和方式、违约责任和解决争议方法等的变更，是对要约内容的实质性变更。对要约邀请的回应可能构成要约，对要约的实质性变更构成反要约。要约和承诺原则上到达生效，而非作出或发出生效。当事人采用合同书形式订立合同的，自当事人均签名、盖章或者按指印时合同成立；在签名、盖章或者按指印之前，当事人一方已经履行主要义务，对方接受时，该合同成立。法律、行政法规规定或者当事人约定合同应当采用书面形式订立，当事人未采用书面形式但是一方已经履行主要义务，对方接受时，该合同成立。当事人采用信件、数据电文等形式订立合同要求签订确认书的，签订确认书时合同成立。当事人一方通过互联网等信息网络发布的商品或者服务信息符合要约条件的，对方选择该商品或者服务并提交订单成功时合同成立，但是当事人另有约定的除外。

（三）合同的生效

一般情况下，合同成立即生效，但法律另有规定或当事人另有约定的除外。依照法律、行政法规的规定，合同应当办理批准等手续的，依照其规定。法人的法定代表人或者非法人组织的负责人超越权限订立的合同，除相对人知道或者应当知道其超越权限外，该代表行为有效，订立的合同对法人或者非法人组织发生效力。当事人超越经营范围订立的合同的效力，应当依照《民法典》总则编和合同编的有关规定确定，不得仅以超越经营范围确认合同无效。合同中的造成对方人身损害的免责条款（如"工伤概不负责"）或者因故意或者重大过失造成对方财产损失的免责条款无效。合同不生效、无效、被撤销或者终止的，不影响合同中有关解决争议方法的条款（如约定仲裁条款）的效力。

在"暗刷流量"合同无效案[①]中，许某通过微信向常某某寻求"暗刷的流量资源"，双方协商后确认常某某为许某提供网络暗刷服务，许某共向常某某支付三次服务费共计1万余元。常某某认为，根据许某指定的第三方CNZZ后台数据统计，许某还应向他支付流量服务费3万余元。许某以流量掺假、常某某提供的网络暗刷服务本身违反法律禁止性规定为由，主张常某某无权要求支付对价。常某某将许某诉至北京互联网法院，请求判令许某支付服务费3万余元及利息。法院审理认为，"暗刷流量"的行为违反商业道德底线，使得同业竞争者的诚实劳动价值被减损，破坏正当的市场竞争秩序，侵害了不特定市场竞争者的利益，同时也会欺骗、误导网络用户选择与其预期不相符的网络产品，长此以往，会造成网络市场"劣币驱逐良币"的不良后果，最终减损广大网络用户的利益。常某某与许某之间"暗刷流量"的交易

---

① 《最高法发布弘扬社会主义核心价值观十大典型民事案例》，最高人民法院网站，https://www.chinacourt.org/article/detail/2020/05/id/5215132.shtml。

行为侵害广大不特定网络用户的利益，进而损害了社会公共利益、违背公序良俗，其行为应属绝对无效。"暗刷流量"的交易无效，双方当事人不得基于合意行为获得其所期待的合同利益。虚假流量业已产生，如以互相返还的方式进行合同无效的处理，无异于纵容当事人通过非法行为获益，违背了任何人不得因违法行为获益的基本法理，故对双方希望通过分担合同收益的方式，来承担合同无效后果的主张，一审法院不予支持。常某某与许某在合同履行过程中的获利，应当予以收缴。一审法院判决驳回原告常某某要求许某支付服务费3万多元及利息的诉讼请求，并作出决定书，收缴常某某、许某的非法获利。一审判决作出后，双方当事人均未提起上诉，一审判决已发生法律效力。

此案是全国首例涉及"暗刷流量"虚增网站点击量的案件。"暗刷流量"的行为违反商业道德，违背诚实信用原则，其危害不小。本案法院通过民事审判，不仅否定了合同的效力，而且收缴了违法所得，对于惩治互联网领域乱象有一定作用。不过，由于本案属于民事案件，只能以民事判决对违法行为的效力进行否定并采取一定措施。"暗刷流量"虚增网站点击量的行为在实践中不少，但本案是全国首例，这一方面说明本案的典型意义，另一方面也说明通过民事手段惩治此类行为的乏力。解决类似问题，仅通过民事手段显然是不够的，毕竟大多数类似的行为不可能进入民事审判。

（四）合同的履行

合同生效后，当事人就质量、价款或者报酬、履行地点等内容没有约定或者约定不明确的，可以协议补充；不能达成补充协议的，按照合同相关条款或者交易习惯确定。仍不能确定的，适用下列规定：

第一，质量要求不明确的，按照强制性国家标准履行；没有强制性国家标准的，按照推荐性国家标准履行；没有推荐性国家标准的，按照行业标准履行；没有国家标准、行业标准的，按照通常标准或者符合合同目的的特定标准履行。

第二，价款或者报酬不明确的，按照订立合同时履行地的市场价格履行；依法应当执行政府定价或者政府指导价的，依照规定履行。

第三，履行地点不明确，给付货币的，在接受货币一方所在地履行；交付不动产的，在不动产所在地履行；其他标的，在履行义务一方所在地履行。

第四，履行期限不明确的，债务人可以随时履行，债权人也可以随时请求履行，但是应当给对方必要的准备时间。

第五，履行方式不明确的，按照有利于实现合同目的的方式履行。

第六，履行费用的负担不明确的，由履行义务一方负担；因债权人原因增加的履行费用，由债权人负担。

需要特别注意的是，《民法典》第五百三十二条规定，合同生效后，当事人不得因姓名、名称的变更或者法定代表人、负责人、承办人的变动而不履行合同义务。实践中，不时出现"新官不理旧账"的案例，甚至有的大型国有企业，在合同已经生效的情况下也因主要领导的变更而要求重新签订合同。另外，近年来有的地方政府、一些国有企业不支付中小企业账款的问题也比较严重，这不仅影响中小企业的生存发展，也影响投资者的投资预期和信心，需要领导干部从优化营商环境、推动市场经济健康发展的高度充分认识、有效解决。

（五）合同的保全

一般来说，合同是当事人之间的事，这也即债的相对性。但是，如果在"三角债"的情形下，债务人怠于行使他的债权，该怎么办？或者，债务人以放弃其债权、放弃债权担保、无偿转让财产等方式无偿处分财产权益，影响债权人的债权实现的，又该怎么办？如果不赋予债权人一定权利，让其眼睁睁看着本应有偿债能力的债务人通过滥用权利的不诚信行为损害本应得到保护的债权人的利益，显然有违法律的公正价值。基于这个原因，民法典分别针对上述情形规定了代位权和撤销权制度。

《民法典》第五百三十五条第一款规定："因债务人怠于行使其债权或者与该债权有关的从权利，影响债权人的到期债权实现的，债权人可以向人民法院请求以自己的名义代位行使债务人对相对人的权利，但是该权利专属于债务人自身的除外。"这里规定的即是代位权，也即通过赋予债权人代债务人之"位"向债务人的相对人主张权利，从而确保债权人的利益。需要注意的是，代位权的行使范围以债权人的到期债权为限，代位权的行使只能通过诉讼方式行使，人民法院认定代位权成立的，由债务人的相对人向债权人履行义务，债权人接受履行后，债权人与债务人、债务人与相对人之间相应的权利义务终止。另外，债权人的债权到期前，债务人的债权或者与该债权有关的从权利存在诉讼时效期间即将届满或者未及时申报破产债权等情形，影响债权人的债权实现的，债权人可以代位向债务人的相对人请求其向债务人履行、向破产管理人申报或者作出其他必要的行为。

《民法典》第五百三十八条规定："债务人以放弃其债权、放弃债权担保、无偿转让财产等方式无偿处分财产权益，或者恶意延长其到期债权的履行期限，影响债权人的债权实现的，债权人可以请求人民法院撤销债务人的行为。"这是关于债权人撤销权的规定，即通过赋予债权人对债务人不当行为的撤销权，实现债权人利益的保障。需要注意的是，撤销权的行使同样需要通过诉讼方式，撤销权的行使范围以债权人的债权为限。另外，债务人以明显不合理的低价转让财产、以明显不合理的高价受让他人财产或者为他人的债务提供担保，影响债权人的债权实现，债务人的相对人知道或者应当知道该情形的，债权人可以请求人民法院撤销债务人的行为。

（六）合同的变更和转让

债权人转让债权，未通知债务人的，该转让对债务人不发生效力。债务人将债务的全部或者部分转移给第三人的，应当经债权人同意。合同的权利和义务一并转让的，适用债权转让、债务转移的有关规定。

（七）合同的解除

当事人协商一致，可以解除合同。当事人可以约定一方解除合同的事由，解除合同的事由发生时，解除权人可以解除合同。有下列情形之一的，当事人可以单方解除合同：因不可抗力致使不能实现合同目的；在履行期限届满前，当事人一方明确表示或者以自己的行为表明不履行主要债务；当事人一方迟延履行主要债务，经催告后在合理期限内仍未履行；当事人一方迟延履行债务或者有其他违约行为致使不能实现合同目的；法律规定的其他情形。以持续履行的债务为内容的不定期合同，当事人可以随时解除合同，但是应当在合理期限之前通知对方。

法律规定或者当事人约定解除权行使期限，期限届满当事人不行使的，该权利消灭。法律没有规定或者当事人没有约定解除权行使期限，自解除权人知道或者应当知道解除事由之日起一年内不行使，或者经对方催告后在合理期限内不行使的，该权利消灭。当事人一方依法主张解除合同的，应当通知对方。合同自通知到达对方时解除；通知载明债务人在一定期限内不履行债务则合同自动解除，债务人在该期限内未履行债务的，合同自通知载明的期限届满时解除。对方对解除合同有异议的，任何一方当事人均可以请求人民法院或者仲裁机构确认解除行为的效力。当事人一方未通知对方，直接以提起诉讼或者申请仲裁的方式依法主张解除合同，人民法院或者仲裁机构确认该主张的，合同自起诉状副本或者仲裁申请书副本送达对方时解除。

合同解除后，尚未履行的，终止履行；已经履行的，根据履行情况和合同性质，当事人可以请求恢复原状或者采取其他补救措施，并有权请求赔偿损失。合同因违约解除的，解除权人可以请求违约方承担违约责任，但是当事人另有约定的除外。主合同解除后，担保人对债务人应当承担的民事责任仍应当承担担保责任，但是担保合同另有约定的除外。

（八）违约责任

当事人一方不履行合同义务或者履行合同义务不符合约定的，应当承担继续履行、采取补救措施或者赔偿损失等违约责任。当事人一方不履行债务或者履行债务不符合约定，根据债务的性质不得强制履行的，对方可以请求其负担由第三人替代履行的费用。

当事人一方不履行合同义务或者履行合同义务不符合约定，造成对方损失的，损失赔偿额应当相当于因违约所造成的损失，包括合同履行后可以获得的利益；但是，不得超过违约一方订立合同时预见到或者应当预见到的因违约可能造成的损失。当事人可以约定一方违约时应当根据违约情况向对方支付一定数额的违约金，也可以约定因违约产生的损失赔偿额的计算方法。约定的违约金低于造成的损失的，人民法院或者仲裁机构可以根据当事人的请求予以增加；约定的违约金过分高于造成的损失的，人民法院或者仲裁机构可以根据当事人的请求予以适当减少。定金的数额由当事人约定，但是，不得超过主合同标的额的20%，超过部分不产生定金的效力。给付定金的一方不履行债务或者履行债务不符合约定，致使不能实现合同目的的，无权请求返还定金；收受定金的一方不履行债务或者履行债务不符合约定，致使不能实现合同目的的，应当双倍返还定金。当事人既约定违约金，又约定定金的，一方违约时，对方可以选择适用违约金或者定金条款；定金不足以弥补一方违约造成的损失的，对方可以请求赔偿超过定金数额的损失。

当事人一方因不可抗力不能履行合同的，根据不可抗力的影响，部分或者全部免除责任，但是法律另有规定的除外。因不可抗力不能履行合同的，应当及时通知对方，以减轻可能给对方造成的损失，并应当在合理期限内提供证明。当事人迟延履行后发生不可抗力的，不免除其违约责任。当事人一方违约后，对方应当采取适当措施防止损失的扩大；没有采取适当措施致使损失扩大的，不得就扩大的损失请求赔偿。当事人因防止损失扩大而支出的合理费用，由违约方负担。当事人都违反合同的，应当各自承担相应的责任。当事人一方违约造成对方损失，对方对损失的发生有过错的，可以减少相应的损失赔偿额。

（九）典型合同重点内容提示

一是在买卖合同中，标的物毁损、灭失的风险，在标的物交付之前由出卖人承担，交付之后由买受人承担，但是法律另有规定或者当事人另有约定的除外。依照法律、行政法规的规定或者按照当事人的约定，标的物在有效使用年限届满后应予回收的，出卖人负有自行或者委托第三人对标的物予以回收的义务。

二是在供用电、水、气、热力合同中，用电人逾期不支付电费的，应当按照约定支付违约金，经催告用电人在合理期限内仍不支付电费和违约金的，供电人可以按照国家规定的程序中止供电，但应当事先通知用电人。供用水、气、热力合同，参照适用供用电合同的有关规定。

三是在赠与合同中，赠与人在赠与财产的权利转移之前可以撤销赠与，但经过公证的赠与合同或者依法不得撤销的具有救灾、扶贫、助残等公益、道德义务性质的赠与合同除外。需要特别强调的是，《民法典》第六百六十六条增加规定了赠与的"穷困抗辩"，即赠与人的经济状况显著恶化，严重影响其生产经营或者家庭生活的，可以不再履行赠与义务。

四是在借款合同中，借款的利息不得预先在本金中扣除。利息预先在本金中扣除的，应当按照实际借款数额返还借款并计算利息。禁止高利放贷，借款的利率不得违反国家有关规定。借款合同对支付利息没有约定的，视为没有利息。自然人之间借款对支付利息约定不明确的，视为没有利息。

五是在保证合同中，机关法人不得为保证人，但是经国务院批准为使用外国政府或者国际经济组织贷款进行转贷的除外。以公益为目的的非营利法人、非法人组织不得为保证人。保证的方式包括一般保证和连带责任保证。

六是在租赁合同中，租赁期限不得超过二十年，超过二十年的，超过部分无效。当事人未依照法律、行政法规规定办理租赁合同登记备案手续的，不影响合同的效力。承租人未经出租人同意转租的，出租人可以解除合同。出租人知道或者应当知道承租人转租，但是在六个月内未提出异议的，视为出租人同意转租。出租人出卖租赁房屋的，应当在出卖之前的合理期限内通知承租人，承租人享有以同等条件优先购买的权利；但是，房屋按份共有人行使优先购买权或者出租人将房屋出卖给近亲属的除外。出租人履行通知义务后，承租人在十五日内未明确表示购买的，视为承租人放弃优先购买权。值得一提的是，民法典落实党中央提出的建立租购同权住房制度的要求，保护承租人利益，增加规定房屋承租人的优先承租权。

七是在承揽合同中，承揽人将其承揽的主要工作交由第三人完成的，应当就该第三人完成的工作成果向定作人负责；未经定作人同意的，定作人也可以解除合同。定作人在承揽人完成工作前可以随时解除合同，造成承揽人损失的，应当赔偿损失。

八是关于建设工程合同，应当采用书面形式，发包人不得将应当由一个承包人完成的建设工程支解成若干部分发包给数个承包人。禁止承包人将工程分包给不具备相应资质条件的单位。禁止分包单位将其承包的工程再分包。建设工程主体结构的施工必须由承包人自行完成。

九是在物业服务合同中，物业服务人应当定期将服务的事项、负责人员、质量要求、收费项目、收费标准、履行情况，以及维修资金使用情况、业主共有部分的经营与收益情况等以合理方式向业主公开并向业主大会、业主委员会报告。业主应当按照约定向物业服务人支付物业费。物业服务人已经按照约定和有关规定提供服务的，业主不得以未接受或者无需接受相关物业服务为由拒绝支付物业费。物业服务人不得采取停止供电、供水、供热、供燃气等方式催交物业费。

最后，民法典的以下内容与政府关系比较密切。一是民法典结合新冠疫情防控工作，完善国家订货合同制度。民法典规定国家根据抢险救灾、疫情防控或者其他需要下达国家订货任务、指令性任务的，有关民事主体之间应当依照有关法律、行政法规规定的权利和义务订立合同。依照法律、行政法规的规定负有发出要约义务的当事人，应当及时发出合理的要约。依照法律、行政法规的规定负有作出承诺义务的当事人，不得拒绝对方合理的订立合同要求。二是针对实践中一方当事人违反义务不办理报批手续影响合同生效的问题，民法典明确了当事人违反报批义务的法律后果，健全合同效力制度，即依照法律、行政法规的规定，合同应当办理批准等手续的，依照其规定。未办理批准等手续影响合同生效的，不影响合同中履行报批等义务条款以及相关条款的效力。应当办理申请批准等手续的当事人未履行义务的，对方可以请求其承担违反该义务的责任。

四 合同的谈判、签订和履行

美国前总统杰弗逊曾言："不要说信赖谁，还是让契约来约束他吧！"犹太人有一句名言，称"契约是衡量一个人道德品质的天平。

遵守契约，你获得的将不只是尊重"。市场就是全部契约的总和，在当今市场经济社会，契约的重要性怎么强调也不为过。然而，虽然我国改革开放已40多年，市场经济体制日益健全，合同也越来越受到市场主体的重视，企业领导者也越来越重视合规，但由于我国契约传统和契约文化比较欠缺，契约精神尚未深入人心，全社会尤其是个别地方政府领导、中小企业领导及普通老百姓的契约意识、合规意识还没有普遍树立起来，对合同谈判、合同签署及合同履行还不够重视。贯彻落实民法典，应当重视合同的谈判、签订和履行。

（一）重视合同的谈判和签署

合同是当事人意思表示一致的产物，是合同当事人谈判的结果。实践中，除了供用电、水、气、热力合同，公共运输合同，强制保险合同等之外大量的合同是可以谈判的，固然谈判受双方实力的影响，但即便是弱势的一方，也有其必须保障的核心利益，不是没有谈判的空间。实践中，很多人由于不了解基本合同制度，不懂得合同谈判重点和技巧，看到一方或中介拿出的合同文本便以为是不可谈判的，很多时候抱着"看不懂""看了也白看"以及过分相信对方的心态放弃了合同谈判，结果造成了自己利益的严重受损。某种意义上讲，合同是谈出来的。不经历艰苦的谈判，很难实现自己利益的最大化；不经历认真的谈判，很难产生明确具体周全的合同。从实践来看，很多人上当受骗的原因就在于不仅合同没有经历谈判过程，就连最后签署之前也没有认真看一遍。

重视合同的谈判和签署，不仅要重视合同的有效性，包括合同实质有效和合同形式有效，避免合同因为存在瑕疵甚至重大缺陷而无效，更要重视合同核心条款约定。合同双方往往利益对立，各方的核心关切和利益往往不一致，在合同谈判和签署中，一定要注意通过明确具体的约定，尤其是违约责任的约定，促使他方履行合同义务，实现自己的权利。一定要避免只重视权利义务的约定，而忽视违约责任的做法。要知道，没有足够的违约责任压力，合同义务的履行就很难有可靠的保证。此外，类似房屋租赁等履行期比较长的合同，一定要注意约定一方违反约定时，另一方单方解除合同的权利。最后，合同纠纷的争议解决方式和管辖也是合同的重要条款，一定要认真对待。合同纠纷的解决方式主要有诉讼和仲裁，仲裁需要当事人在合同中约定仲裁条款或者纠纷发生后双方达成仲裁协议，如果没有仲裁约定，纠纷往往需要通过诉讼途径解决。即使是诉讼，合同中也可以对法院管辖进行约定，不同地方的法院管辖，对于当事人诉讼成本的支出等具有重大影响，差旅费和时间成本往往会使"外地"一方放弃诉讼维权或者在调解、和解中处于不利地位。实践中，有的合同约定纠纷由原告所在地法院管辖，这无异于鼓励诉讼；有的约定由被告住所地法院管辖，这对于抑制诉讼有积极价值，但对原告维权可能产生不利影响。

　　合同的谈判固然重要，但最终的签署才使谈判的成果得以固定、落地。从实践来看，合同的最终签署至少应注意以下几个方面：一是合同签订主体的一致性和签字代表的代表权。合同签订主体的一致性应注意审查签订主体与谈判主体的一致性，合同首部主体与签字页主体的一致性，尤其要注意防范伪造签章带来的风险。签字代表的代表权需注意法定代表人的资格，尤其是非法定代表人签字时，其授权代表的授权真实性。二是谈判内容和签字文本内容的一致性。一定要注意考察谈判内容是否已被纳入合同文本，纳入合同文本的内容是不是经过谈判协商一致的。既要防止已经达成一致的重要内容被"漏掉"，也要避免准备合同文本一方在最终合同文本中加入未经协商一致的"私货"。三是合同签订的时间最好不要留空。合同签订的时间关系到合同生效的时间、合同义务的履行，而且，如果合同签订时间不明确，往往给对方以"可乘之机"。不仅自己签署合同时要明确时间，还要督促对方明确时间，在自己先签邮寄对方再签章的情形下尤应如此。四是合同的签订的意义重大，签署合同时应对签订地点特别注意。根据民事诉讼法，合同或者其他财产权益纠纷的当事人可以书面协议选择被告住所地、合同履行地、合同签订地、原告住所地、标的物所在地等与争议有实际联系的地点的人民法院管辖，但不得违反对级别管辖和专属管辖的规定；因合同纠纷或者其他财产权益纠纷，对在中华人民共和国领域内没有住所的被告提起的诉讼，如果合同在中华人民共和国领域内签订或者履行，或者诉讼标的物在中华人民共和国领域内，或者被告在中华人民共和国领域内有可供扣押的财产，或者被告在中华人民共和国领域内设有代表机构，可以由合同签订地、合同履行地、诉讼标的物所在地、可供扣押财产所在地、侵权行为地或者代表机构住所地人民法院管辖。另外，根据涉外民事关系法律适用法，适用"与该涉外民事关系有最密切联系的法律"这项基本原则，而合同的签订地可能是判断是否有"最密切联系"的因素之一。按照民法典规定，当事人采用合同书形式订立合同的，最后签名、盖章或者按指印的地点为合同成立的地点，但是当事人另有约定的除外。也就是说，合同的签订地也是可以约定的，如果没有约定，最后签名、盖章或者按指印的地点为合同成立的地点。

（二）重视合同的履行

合同签署之后，就应当重视合同的履行。各方当事人不仅要重视自己的权利实现，也要重视自己义务的履行；不仅要避免合同签订之后因忽视权利行使的节点而导致权利受损，也要防范因忽视义务的履行而招致严重的违约责任，应该在合同签订之后，对主要权利的行使和义务的履行进行梳理，形成简明扼要的合同权利行使和义务履行时间表和路线图。

重视合同的履行不应仅仅关注权利的行使和重要义务的履行，对于合同约定不明的处理，争议的处理，要基于习惯、惯例和诚信原则，客观、公正对待，尤其要注意基于交易习惯和诚信原则等而产生的通知、协助、保密等义务的履行。有这样一个案例。贵州的李某与北京某房地产开发公司于1999年订立了一份购买开发公司在北京开发的底商的合同，约定房款490万元（单价9800元/米^2），分五期支付，其中第四期为工程结构封顶时缴纳98万元，逾期10日，开发公司有权解除合同，并请求李某承担违约责任。李某按照合同约定的时间及方式支付了前三期房款。2000年12月20日，楼房封顶。此时，北京房价已上涨不少。开发公司想，不告诉李某楼房封顶的消息，他就不按期付款，届时不仅可以解除合同把房子卖个高价，还可以向李某请求违约赔偿。开发公司真的这么做了。2001年1月14日，开发公司以李某第四期房款逾期未付为由向李某发出解约通知书解除了合同，并于几天后将合同项下的房屋以12000元/米^{2}的价格出售给北京市某银行，且为该行办理了入住手续。李某向法院提起了诉讼，认为开发公司对工程封顶有通知义务，开发公司单方解约属于违约，在该房已为善意第三人占有使用、实际履行已不可能的情况下，应当承担违约责任并赔偿李某的损失。法院认为开发公司对工程封顶有通知义务，正是由于开发公司未履行通知义务擅自将房屋出售给第三人是造成合同不能够履行的主要原因，判决开发公司返还已收的工程款299万元，并一次性赔偿李某100万元。这个案例说明，合同的履行应当全面，主要义务固然重要，但也不能忽视次要甚至附随义务的履行，次要、附随义务不履行的后果也可能很严重。本案中的"通知义务"虽然不是合同约定的，但该项义务对于原告第四期义务的履行至关重要。

人格权
基本制度

第六讲
CHAPTER 6

人格权是民事主体所固有的,以维护民事主体独立人格、实现人格尊严等人格利益为目的的民事权利。作为维护民事主体独立人格所必需的法定基本权利,人格权是人权在民事法律制度中的具体化。人格权的核心价值是人格尊严。1982年颁布实施的《宪法》第三十八条第一次规定了"中华人民共和国公民的人格尊严不受侵犯"。该条确立了人格尊严这一基本人权的宪法地位。在民事法律制度中,1986年颁布的《民法通则》第一次明确了人格权的基本民事权利地位,《民法典》则实现了人格权立法的法典化。保护人格尊严是民法典人格权编立法的根本目的。在民法典建构的民事权利体系中,人格权编(第四编)共6章51条,位于物权编、合同编之后,婚姻家庭编、继承编、侵权责任编之前,内容上分为总则性规定和分则性规定。其中,总则性规定是人格权的一般规则,包括人格权赋权、一般人格权、权利行使和权利保护的一般性规范;分则性规定则列举了各具体人格权及其内容,包括生命权、身体权、健康权、姓名权、名称权、肖像权、荣誉权、隐私权和个人信息等权利。

一 人格权与人格权法的发展

人类历史上对人格权的保护,始于对人的生命权和健康权的保护。在古代社会,人的生命、健康受到侵害时,往往支持受害人或其血亲向侵害人实施报复。如《十二铜表法》第八表第二条规定:"毁伤他人肢体而不能和解的,他人亦得依同态复仇而毁伤其肢体。"此类古代习惯法中对人的生命权、健康权的保护被视为人格权法的起源。古代成文法后期的罗马法中使用了人格的概念，出现了"自由权""名誉权"的表述。进入中世纪，在封建皇权、神权的黑暗统治下，人的人格尊严及其保护陷入低谷。直到近代人权运动的发展，《人身保护法》（英国1697年）、《英国民权法》（1689年）、《独立宣言》（美国1776年）、《人权宣言》（法国1789年）等法律基本确立了人的自由权、生命权、健康权等具体人格权，人类才开启了平等保护每个人的人格尊严的崭新历程。此后，各国相继颁布的民法典具体承担了人格权立法的任务。"人格权立法的立法趋势，是随着社会发展和文明进步而不断变动和扩张的，具体表现在人格权愈来愈受立法者的重视，具体人格权的范围不断扩大，法律对人格权的保护愈加周密。"[1]具体而言，《法国民法典》及其判例确立了人格权不受各种形式侵犯的原则；《德国民法典》开创了现代法上的精神性人格权立法；《瑞士民法典》创设了人格的一般规定和人格保护专章、人格权请求权。此后爆发的第二次世界大战则将人格权保护推升到了新的高度。战争期间的种族屠杀教训使人们意识到，人类社会应当更加重视对人作为人的尊严、人格权的保护。第二次世界大战后，人格权在世界各国得到了广泛承认，保护人的人格尊严被确立为民法的基本宗旨之一，人格权法进入了迅猛发展阶段。这一时期，德国通过了判例，明确了对一般人格权的保护，强调应依法保护名誉权、隐私权、肖像权等具体人格权；法国修改了民法典，规定了对隐私权的保护；英国通过了《1952年毁损名誉法》等保护人格权的单行法；美国通过《隐私权法》和判例，明确了对隐私权、知情权、声音权、自我决定权等新型人格权的保护。

---

[1] 杨立新：《中国人格权法研究》，中国人民大学出版社2022年版，第28页。

我国历史上对人格权的保护同样始于保护自然人的生命权和健康权。在奴隶社会的习惯法中，允许血亲复仇。《秦律》《唐律》《明律》等中华法系的典型代表性法律基本都规定了自然人生命权、健康权保护法律制度。这些封建时期保护生命健康权的立法主要特征是刑罚为主、赔偿为辅。刑罚为主，即通过国家立法惩罚侵害他人健康、生命的行为，以此保护被害人的人格。如《秦律》对贼杀、盗杀、擅杀、斗杀四种不同类型的侵犯生命权的犯罪行为分别规定了不同的刑罚。赔偿为辅，即自《汉律》开始，明确规定侵害他人生命权、健康权的，侵害人须承担医治被害人、补偿因伤残或死亡造成的财产损失、赡养被害人家属、承担丧葬费等法律责任。除此之外，中华法系中还有保护名誉权、身体权的具体规定。但是，这些法典的封建立法属性决定了皇权高高在上，决定了自然人的人格及其保护不可能平等。近代以来，在借鉴人类法治文明成果的基础上，开启了我国近现代意义上的人格权立法进程。20世纪初叶开始，我国采纳欧陆民法典的立法体例，先后制定了《大清民律草案》《中华民国民律草案》《中华民国民法》。其中，1911年拟定的《大清民律草案》在总则编专设了"人格保护"一节，确立了自然人人格平等原则，规定了人格权保护的一般原则和自由权、姓名权、名誉权等具体人格权。此草案为当代中国的人格权立法打下了社会基础。

"人格权制度的勃兴是现代民法最为重要的发展趋势，从世界范围来看，各国都普遍强化了对人格权的保护，我国也不例外。"[1]从"文化大革命"中人格权遭受严重侵害的历史教训中痛定思痛，我国在1986

---

[1] 王利明：《论人格权独立成编的理由》，载《法学评论》2017年第6期。

年颁布的《民法通则》中，第一次将保护人及其人格作为了立法宗旨之一。该法将民事主体的"民事权利"单设专章（第五章），并创造性地在其第四节"人身权"中，主要规定了生命健康权、姓名权、名称权、肖像权、名誉权、荣誉权和婚姻自主权等具体人格权。这一立法体例将人格权与物权、债权、知识产权一并列为民事主体的民事权利范畴，确立了人格权与物权等财产性民事权利同等的法律地位，开创了我国民法史上的"人格权"篇章，是我国人格权立法的重要里程碑。进入21世纪后，最高人民法院相继颁布《精神损害赔偿司法解释》（2001年）、《关于审理人身损害赔偿案件适用法律若干问题的解释》（2003年）等相关司法解释，确认了一般人格权、身体权、人身自由权，完善了我国的人格权立法，极大地提高了我国的人格权司法保护水平。

党的十八大以来，以习近平同志为核心的党中央高度重视民法典编纂工作。党的十八届四中全会明确提出编纂民法典的重大立法任务。2017年3月颁布的《民法总则》开启了人格权保护的新时期。该法规定了一般人格权，弥补了既有立法只列举式规定具体人格权的不足；该法还第一次规定了身体权、隐私权，第一次规定了对个人信息的保护，这些新规扩大了立法保护民事主体人格权益的范围。同年10月，党的十九大报告贯穿以人民为中心的法治理念，突出强调了"保护人民的人身权、财产权、人格权"。在此后的民法典编纂过程中，人格权立法继承了《民法通则》的人格权保护经验，吸纳了人格权理论研究和司法实践的最新成果，回应了"重人身权财产权保护、轻人格权保护""网络社会名誉权、隐私权和个人信息权保护挑战重重"等现实问题。针对人格权立法是单独成编，还是放到总则"自然人"部分或者"侵权责任法"部分等争议焦点，民法典最终以人格权法独立成编（《民法典》第四编）的创新性立法传承了《民法通则》开创的人格权立法中国经验，纠正了世界传统民法重财产权轻人格权的偏差，克服了人格权立法碎片化的桎梏，开创了体系化的人格权法立法格局，宣誓了民法典对人的尊严、人的主体地位前所未有地高度尊重，不仅成为我国民法典的特色和最大亮点，而且为人类法治文明贡献了中国智慧。

二 人格权的主要类型

在世界范围内，受限于传统民法典以财产法为核心的立法理念，人格权法相对于其他民事法律制度，无论是理论还是立法实践，起步都较晚。但伴随着近现代人类社会的进步和人权观念的普及，迄今已形成以人格权理论为支撑的人格权法律制度。人格权的客体是人格利益。人格利益与财产利益不同，它是为满足人作为人的精神生活需要而确立的无形的权利。以维护人的尊严为核心价值，我国《民法典》第四编建构起了独具中国特色的人格权法律制度。民事主体享有的人格权包括一般人格权和具体人格权。具体人格权是指民法典列举的生命权、身体权、健康权、姓名权、名称权、肖像权、名誉权、荣誉权、隐私权等权利。自然人除享有以上具体人格权外，还享有法律明确规定的人格权以外的其他人格利益，即一般人格权。法人、非法人组织只享有名称权、名誉权和荣誉权。与物权、债权等财产性权利相比，人格权是民事主体固有的民事权利。生而平等享有、死而消灭，是一种绝对权。《民法典》第九百九十二条规定："人格权不得放弃、转让或者继承。"人格权是民事主体的专属权，只能由民事主体单独享有，任何非法限制、干涉、剥夺民事主体行使人格权的行为都属于侵权行为，应当依法承担民事责任。

（一）一般人格权

一般人格权以人身自由、人格尊严为内容，是抽象的概括性权利。一般人格权产生于生命权、健康权等具体人格权之后，是第二次世界大战后各国强化人格利益保护的产物。它的产生是人格权法飞跃式发展的重要标志。相比于具体人格权，一般人格权立法弥补了法定具体人格权保护人格利益的缺漏，为人格权法律制度的未来发展预留了空间。我国《民法典》在其第九百九十条第二款中规定了一般人格权，它是指自然人基于人身自由、人格尊严所享有的，除法定的具体人格权之外的其他人格利益。

一般人格权以人身自由、人格尊严为内容，与个人的主体资格紧密相连，不可转让、不可抛弃。一般人格权的权利主体是特定的。只有自然人才能成为一般人格权的主体。法人、非法人组织不享有人身自由与人格尊严，因而不能享有一般人格权。在权利内容上，一般人格权的内容包括法定具体人格权之外的，包含在人身自由、人格尊严利益范围内的其他人格利益。其中，人身自由包括身体行动的自由和自主决定的自由，是自然人参与各种社会关系、行使其他人身权和财产权的基本保障，是行使其他的一切权利的基础和前提。[1]所谓人格尊

---

[1] 黄薇主编《中华人民共和国民法典人格权编解读》，中国法制出版社2020年版，第16页。

严是自然人被真正当成"人"所享有的基本社会地位、所应受到的社会和他人最基本的尊重。无论自然人职业、职务、政治立场、宗教信仰、文化程度、财产状况、民族、种族、性别有何差别，其人格尊严是相同的，绝无高低贵贱之分。①民法典规定一般人格权制度客观上起到了法律原则的作用，赋予了司法机关借此保护法定具体人格权之外的其他人格利益的裁量权。伴随着人类社会文明的进步，一般人格权必将为持续保护新型的人格利益提供法律依据。

（二）生命权

生命权是以自然人的生命安全利益为内容的人格权。"法律上的生命具有特定的含义，其是作为法律主体的自然人的最高人格利益。"②《民法典》第一千零二条规定，自然人享有生命权。根据民法典的规定，自然人因生命权而享有的人格利益包括，生命安全、生命尊严受法律保护，依法享有维护自己生命、对他人侵害行为进行正当防卫等生命利益。

生命权是第一人权。第一，生命作为自然人最高的人格利益，是自然人享有其他民事权益的前提和基础。因而，生命权在法定的具体人格权体系中居于首位。与其他人格利益相比，生命权是至高无上的。第二，生命权是自然人固有的。它伴随着自然人的出生而产生，具有自然生成性。③法律不允许权利人以外的其他任何人享有、利用他人的生命权。第三，生命权是绝对权，不受任意剥夺、非法

---

① 梁慧星：《中国民法经济法诸问题》，法律出版社1991年版，第73页。
② 王利明：《人格权法通论》，高等教育出版社2023年版，第137页。
③ 霍布斯：《利维坦》，黎思复、黎廷弼译，商务印书馆1985年版，序言。

限制。其他任何主体都依法负有尊重他人生命权,不得侵犯和妨害生命权的义务。第四,生命权具有平等性。任何自然人,包括公民、无国籍人和外国人,平等地享有生命权,他的生命都应受到法律的平等保护。

当生命权遭受侵害时,其本身的不可恢复性决定了民法对生命权的保护主要采取损害赔偿责任(包括财产损害赔偿和精神损害赔偿)追究的方式。《民法典》第一千一百七十九条规定,"造成死亡的,还应当赔偿丧葬费和死亡赔偿金"。

为强化对自然人生命权、身体权、健康权类基本人身权利的保护,《民法典》第一千零五条新增规定了法定救助义务,即当自然人的生命权、身体权、健康权受到侵害或者处于其他危难情形时,因法律规定、特殊关系、先行行为而负有法定救助义务的组织或者个人应当及时施救。例如,《人民警察法》规定,人民警察在遇到公民人身、财产安全受到侵犯或者处于其他危难情形时,应当立即救助;《民法典》规定,不满八周岁的未成年人是无民事行为能力人,他在幼儿园、学校或者其他教育机构学习、生活,幼儿园、学校或者其他教育机构应承担管理、救助职责。

(三)身体权

身体权是自然人维护其身体组织器官的完整性并支配其肢体、器官和其他人体组织的权利。《民法典》第一千零三条规定的身体权内容包括身体完整权、行动自由受法律保护和依法自决权。其中,享有身体完整权意味着当其身体的安全、完整受到侵害时,自然人依法有权采取一定的措施排除侵害或妨害,包括进行正当防卫、紧急避险、行使人格权请求权。自然人的行动自由权是指其依法享有身体活动自由，不受非法拘禁和限制。《民法典》第一千零一十一条规定："以非法拘禁等方式剥夺、限制他人的行动自由，或者非法搜查他人身体的，受害人有权依法请求行为人承担民事责任。"身体权是绝对权，自然人在符合公序良俗原则要求的前提下，有权依法处分身体的某一部分。依法自决权包括在诊疗活动中自愿放弃身体权，捐献人体细胞、人体组织、人体器官、遗体和无偿献血。《民法典》第一千零七条明确禁止任何组织或个人以任何形式买卖人体细胞、人体组织、人体器官、遗体。现实中，既有被害人非自愿买卖人体器官的情况，也有被害人自愿买卖人体器官的时候。但因人体器官不是可以随意买卖的商品，无论自愿或者非自愿，买卖人体器官的行为都是违法、无效的。对买卖人体器官的医疗机构和医务人员还要追求其违反《人体器官移植条例》的行政责任。根据情节，上述主体还可能构成组织他人出卖人体器官或者侮辱尸体罪，承担相应的刑事责任。

为切实有力保护性骚扰案受害人的身体权，《民法典》第一次在民事法律制度中确立了性骚扰规制规则。故意针对特定对象且违背受害人意愿的、和性有关的骚扰行为构成性骚扰。性骚扰是一种严重侵犯他人人格尊严的违法行为。实务中，一般表现为明知其言语或行为会使、可能使承受者抗拒或者产生不愉快的感受而实施的性骚扰行为。言语、文字、图像、肢体行为等方式都可能构成性骚扰。民法典除规定实施性骚扰的行为人要承担停止侵害、排除妨碍、消除危险、赔偿损失、消除影响、恢复名誉、赔礼道歉等民事责任外，还特别规定了机关、企业、学校等单位负有对性骚扰行为进行预防和在性骚扰行为发生后及时处置的法定义务。

（四）健康权

健康权是自然人以其身体的生理机能的完整性和保持持续、稳定、良好的心理状态为内容的权利。[1]在现实中，侵害自然人健康权的情形除了殴打他人造成伤害的外，因环境污染、工伤事故、道路交通事故、产品质量缺陷等造成的自然人健康权受害案件呈现增多态势。对此，一方面，要强调依法追究行为人侵害他人健康权的民事责任，即按照《民法典》第一千一百七十九条的规定，侵害他人造成人身损害的，应当赔偿受害人的医疗费、护理费、交通费、营养费、住院伙食补助费等为治疗和康复支出的合理费用，以及因误工减少的收入；造成残疾的，还应当赔偿辅助器具费和残疾赔偿金。另一方面，对领导干部而言，贯彻落实以人民为中心的习近平法治思想，应当更加重视在治理实践中加强职业病预防，切实从源头保护劳动者的健康权。对接触粉尘、放射性物质、有毒物质的劳动者，应当依法监督企业建立符合标准的防护措施，按时体检，预防工伤性侵害健康权案件的重复发生。

（五）姓名权和名称权

姓名权是自然人决定、使用、变更其姓名的权利。在现代社会，姓名是自然人区别于他人的特定化标识。与自然人相关联的特定姓氏和名字代表着自然人，标识着自然人独有的人格尊严。保护姓名权是保护自然人人格尊严的重要内容。《民法典》第一千零一十二条规定："自然人享有姓名权，有权依法决定、使用、变更或者许可他人使用自

---

[1] 王利明：《人格权法通论》，高等教育出版社2023年版，第195页。

己的姓名，但是不得违背公序良俗。"为保护特定自然人本名之外，具有一定社会知名度的笔名、艺名、网名等人格利益，《民法典》第一千零一十七条确立了自然人姓名权的扩张保护规则。即对本名之外的自然人的其他特定化标识给予与姓名同等的保护，对笔名、艺名、网名的侵犯也须承担侵犯姓名权的民事责任。任何组织或者个人不得以干涉、盗用、假冒等方式侵害他人的姓名权或者名称权。

名称权是特定团体对其名称享有的排他性支配权。《民法典》第一千零一十三条规定："法人、非法人组织享有名称权，有权依法决定、使用、变更、转让或者许可他人使用自己的名称。"法人、非法人组织名称的取得需要审核登记。与自然人姓名的登记相比，企业名称因关系到商事交易，对其的审核登记更为严格。《公司法》《合伙企业法》等商事主体法对此都有更详细的规定。名称权具有专有性，市场主体只能登记一个名称，经登记的市场主体名称受法律保护。除登记的法人、非法人自己使用外，还享有许可他人使用其名称的权利。与自然人的姓名权主要是一种精神性的人格权不同，名称权具有法人格基础上的突出财产属性。特定名称权的经济价值可以用货币估值并交易。相应地，特定名称权遭受侵犯时也只能请求侵权人承担财产损害赔偿责任，无权主张精神损害赔偿。

（六）肖像权

肖像权是自然人以自己的肖像所体现的利益为内容，依法制作、使用、公开或者许可他人使用自己肖像的权利。[①]《民法典》第一千零

---

① 王利明：《人格权法通论》，高等教育出版社2023年版，第249页。

一十八条第二款规定："肖像是通过影像、雕塑、绘画等方式在一定载体上所反映的特定自然人可以被识别的外部形象。"根据可被识别的外部形象这一标准，自然人的肖像权保护除覆盖照片、雕塑等传统肖像外，已进一步扩张至保护漫画形象、游戏中的形象、表演形象、肖像剪影、集体肖像和人体部分的形象。按照人格权法的规定，自然人享有的肖像权内容包括肖像制作权、肖像使用权、肖像公开权、肖像许可使用权和禁止侵害权。自然人依法对自己的肖像享有专属的肖像权，既不能被抛弃，也不能被转让或者继承。为更好地保护肖像权人的权利，凸显对人格权最大限度的保护和对人的尊严的高度重视，民法典删除了《民法通则》中要求侵害肖像权行为具有营利目的的规定。

现实中，常见的侵犯肖像权的情形有：采取丑化、污损，或者利用技术手段伪造等方式侵害肖像权；擅自制作、使用、公开肖像权人的肖像等。针对近年出现的未成年肖像权保护热点问题，民法典从保护未成年人权益的角度，要求监护人遵循该未成年人利益最大化原则，根据未成年人的年龄和智力状况，尊重其真实意愿，再决定是否许可或许可的范围。如果监护人违反该项原则，过度使用或者不当使用未成年人肖像，明显影响未成年人身心健康的，有关机关应承担起保护未成年人合法权益的责任。《民法典》还规定，未经监护人同意，制作、公开、使用未成年人肖像的，监护人可依据该法第九百九十七条的规定，在有证据证明行为人正在实施或即将实施侵害未成年人人格权的行为，不及时制止将使其合法权益受到难以弥补的损害的，有权依法向人民法院申请采取责令行为人停止有关行为的措施，以避免损害的发生。

同时，民法典还从满足公共利益需要的角度，确立了肖像权合理使用制度，从而形成了对肖像权的合理限制。按照《民法典》第一千零二十条的规定，以下五种法定情形下，行为人可以不经肖像权人同意在一定范围内使用肖像权人的肖像，具体包括：（1）为个人学习、艺术欣赏、课堂教学或者科学研究，在必要范围内使用肖像权人已经公开的肖像；（2）为实施新闻报道，不可避免地制作、使用、公开肖像权人的肖像；（3）为依法履行职责，国家机关在必要范围内制作、使用、公开肖像权人的肖像；（4）为展示特定公共环境，不可避免地制作、使用、公开肖像权人的肖像；（5）为维护公共利益或者肖像权人合法权益，制作、使用、公开肖像权人的肖像的其他行为。

除对传统肖像及其扩张使用进行保护外，考虑到自然人的声音也具有特定性，已成为自然人身份的外在表征之一，民法典继《商标法》保护声音商标后第一次对自然人声音进行了人格利益保护。《民法典》第一千零二十三条第二款规定，对自然人声音的保护，参照适用肖像权保护的规定。在司法实践中，一般认为未经许可录制他人声音、未经同意利用或公开他人的声音、模仿声音以恶意混淆、不当使用他人声音均构成侵害自然人声音利益的违法行为。

（七）名誉权

名誉权是民事主体对自身名誉享有的不受他人侵害的权利。[1]名誉权不是与生俱来的自然权利。名誉权的取得因民事主体在社会生活中的名誉而生。按《民法典》第一千零二十四条第二款的规定，

---

[1] 杜万华主编《民法典实施精要（下）》，法律出版社2022年版，第99页。

名誉是对民事主体的品德、声望、才能、信用等的社会评价。法律保护名誉权的目的是保护民事主体在社会交往中享有人格尊严，保护其在社会生活中获得的社会评价不因他人的非法行为而被降低。名誉权具有法定性和社会性。相比之下，自然人的名誉主要是对其品行、作风、能力、信用等与人格尊严相关的社会评价，其名誉权更注重精神利益的维护。法人的名誉则多与包含商誉在内的经营活动、商业信用、社会责任等相关，其名誉权更注重财产利益或商业价值的维护。按照民法典的规定，名誉权的内容包括名誉享有权、保有权和维护权。

为保护名誉权，《民法典》第一千零二十四条第一款规定："任何组织或者个人不得以侮辱、诽谤等方式侵害他人的名誉权。"根据民法典的规定，构成侵害名誉权的行为必须指向特定的人，并且其侵害名誉权的行为需为第三人知悉，即该侵害行为影响了受害人的社会评价。社会评价降低是构成侵害名誉权的必要条件。现实中，侮辱一般是指故意以暴力、语言、文字或其他方式（如当众焚烧法人的牌匾）贬损他人人格，毁损他人名誉；诽谤是指捏造事实丑化他人人格，损害他人名誉，包括口头诽谤和文字诽谤。在司法实务中，认定诽谤行为成立与否通常结合个体情况、实施行为的具体场景和社会环境等因素综合判断，一般采用合理第三人标准。也就是说，理性的、一般的普通人认为构成诽谤的行为才有可能承担侵害名誉权的民事责任。

民事主体名誉权的行使、保护与社会公众言论自由密切相关。为明晰二者之间的边界，《民法典》及《最高人民法院关于审理名誉权案件若干问题的解答》规定，文艺作品侵害名誉权必须是真人真事或者以特定人为描述对象，且含有侮辱、诽谤内容；因撰写、发表批评文章而引起的名誉权纠纷，文章反映的问题基本真实，没有侮辱他人人格的内容的，不构成侵害名誉权；主动提供不实新闻材料、对他人提供的有严重失实内容未尽到合理核实义务，致使他人名誉受到损害的，构成侵害他人名誉权。合理引用、依法行使权利、受害人同意、第三人的过错和为了公共利益实施的新闻报道和舆论监督都是侵害名誉权的抗辩事由。

（八）荣誉权

荣誉权是民事主体对因自己对社会的突出贡献而获得的各种光荣称号和社会评价所享有的保持、支配、不受他人非法侵害的权利。荣誉作为一种实然性权利，包含荣誉保持和荣誉支配两方面内容。《民法典》第一千零三十一条第一款规定："民事主体享有荣誉权。任何组织或者个人不得非法剥夺他人的荣誉称号，不得诋毁、贬损他人的荣誉。"民事主体对获得的应当记载而没有记载的荣誉称号，可以请求记载；获得荣誉称号记载错误的，民事主体可以请求更正。

（九）隐私权

隐私权是自然人对其私人生活安宁和不愿为他人知晓的私密空间、私密活动、私密信息所享有的权利。[①]隐私事关自然人的生活安宁，与人格尊严密切相关。隐私权概念自19世纪末期提出以来，已经成为人类法治史上不断完善人格尊严法律保护的重要里程碑。应当认为，民

---

① 王利明：《人格权法通论》，高等教育出版社2023年版，第345页。

法对隐私权的保护是人类文明进步越来越注重精神生活及其安宁的表现。我国2009年颁行的《侵权责任法》第一次确认了隐私权概念。《民法典》第一千零三十二条第一款规定："任何组织或者个人不得以刺探、侵扰、泄露、公开等方式侵害他人的隐私权。"

现实中，侵犯隐私权的行为主要有三类。一类是刺探行为。包括进入、拍摄、窥视他人的住宅、宾馆房间等私密空间；拍摄、窥视、窃听、公开他人的私密活动；拍摄、窥视他人身体的私密部位。第二类是侵扰行为。包括跟踪、盯梢、监听、监视等直接侵扰行为；以电话、短信、即时通信工具、电子邮件、传单等方式侵扰他人私人生活安宁；以手机短信、即时通信工具等形式实施的广告侵扰行为。第三类是基于合法事由掌握特定自然人隐私的自然人、法人或其他组织，未经权利人明确同意，处理他人私密信息，泄露或公开隐私信息。包括泄露或公开患者健康隐私、通信隐私、身份隐私、家庭隐私等行为。按照民法典的规定，侵犯他人隐私权，侵害人依法应承担停止侵害、赔礼道歉、消除影响、恢复名誉和赔偿损失的民事责任。考虑到隐私被侵犯时往往给自然人造成巨大的精神痛苦，《民法典》和《最高人民法院关于确定民事侵权精神损害赔偿责任若干问题的解释》规定，隐私权被侵犯的受害人有权获得精神损害赔偿。在确定精神损害赔偿的具体数额时，应当综合考虑侵权人的过错程度，侵害的手段、场合、行为方式等具体情节，侵权行为所造成的后果，侵权人的获利情况，侵权人承担责任的经济能力以及受理诉讼的人民法院所在地的平均生活水平等因素。

为维持隐私权保护与公共利益、其他权利之间的协调，民法典在保护自然人的隐私权同时，还规定，隐私权的内容应当受到法律、公序良俗等的限制。为了公共利益和公共安全、国家机关合法行使职权、公民依法行使知情权和舆论监督权、当事人明确同意或身为公众人物时，自然人的隐私权都会受到限制。实务中，法院认定自然人是否属于"公众人物"，主要看该自然人是否具备成为公众人物的主观愿望、是否存在被公众关注的客观事实。同时，对公众人物的隐私予以限制，也应当限定在保护公共利益和公众知情权的必要范围内，不能将公众人物正当、合理的隐私都予以公开，满足某些人的庸俗兴趣。①

（十）个人信息受法律保护

21世纪以来，伴随着互联网和信息技术的快速发展，个人信息数字化、网络化的趋势愈演愈烈。为在数字化时代中保护特定自然人的人格权益，《民法典》第一百一十一条首次确立了保护个人信息的基本原则，即自然人的个人信息受法律保护，任何组织、个人不得侵害自然人的个人信息权益。个人信息受法律保护是我国民事法律制度完善人格利益保护的最新成果。根据《民法典》第一千零三十四条第二款的规定，个人信息是以电子或者其他方式记录的能够单独或者与其他信息结合识别特定自然人的各种信息，包括自然人的姓名、出生日期、身份证件号码、生物识别信息、住址、电话号码、电子邮箱、健康信息、行踪信息等。对以上这些个人信息，自然人享有相应的个人信息权益，主要包括：（1）依法向信息处理者查阅或者复制其个人信息；发现信息错误的，有权提出异议并请求及时采取更正等必要措

---

① 杜万华主编《民法典实施精要（下）》，法律出版社2022年版，第142页。

施；发现个人信息不准确或者不完整的，有权请求个人信息处理者更正、补充。（2）对其个人信息的处理享有知情权、决定权，有权限制或者拒绝他人对个人信息进行处理。（3）发现信息处理者违反法律、行政法规的规定或者双方的约定处理其个人信息的，有权请求信息处理者及时删除。

为保护自然人对个人信息的合法权益，《民法典》和《个人信息保护法》规定，处理个人信息，应当遵循合法、正当、必要和诚信原则，不得通过误导、欺诈、胁迫等方式处理个人信息；处理个人信息应当具有明确、合理的目的，并应当与处理目的直接相关，采取对个人权益影响最小的方式；收集个人信息，应当限于实现处理目的的最小范围，不得过度收集个人信息；处理个人信息应当遵循公开、透明原则，公开个人信息处理规则，明示处理的目的、方式和范围；处理个人信息应当保证个人信息的质量，避免因个人信息不准确、不完整对个人权益造成不利影响。

《民法典》第一千零三十八、一千零三十九条规定的信息收集者对个人信息的安全保障等义务包括，个人信息处理者应当对其个人信息处理活动负责，并采取必要措施保障所处理的个人信息的安全。任何组织、个人不得非法收集、使用、加工、传输他人个人信息，不得非法买卖、提供或者公开他人个人信息；不得从事危害国家安全、公共利益的个人信息处理活动。信息收集者不得泄露或者篡改其收集、存储的个人信息；未经自然人同意，不得向他人非法提供其个人信息，但是经过加工无法识别特定个人且不能复原的除外；未经被收集者同意，不得向他人非法提供个人信息；信息处理者应当采取技术措施和其他必要措施，确保其收集、存储的个人信息安全，防止信息泄露、篡改、丢失；发生或者可能发生个人信息泄露、篡改、丢失的，应当及时采取补救措施，按照规定告知自然人并向有关部门报告；国家机关、承担行政职能的法定机构及其工作人员对于履行职责过程中知悉的自然人的隐私和个人信息，应当予以保密，不得泄露或者向他人非法提供。对国家机关、承担行政职能的法定机构及其工作人员而言，其因履行职责而掌握的他人个人信息，必须注意严格控制范围，避免泄露掌握的个人信息。在未履行法定程序的情况下，上述工作人员如果泄露他人信息或向第三人提供个人信息，该国家机关、承担行政职能的法定机构在对外承担民事赔偿责任后，可以根据相关法律规定对违法履职的工作人员进行追责。

三 人格权的行使与保护

人格权是法定基本权利，是民事主体享有的具有排他性的专有权利。行使人格权是民事主体的固有权利，人格权依法不得放弃、不得转让、不能继承。民事主体应在法定范围内行使人格权，按照《民法典》的规定，行使人格权应当遵循依法行使、不违背公序良俗、不得滥用等基本原则。第一，人格权必须依法行使。权利人既可以自己行使，也可以在法律规定的范围内许可他人使用其人格利益，并且可依据法律规定依法自主决定权利的行使方式和内容。第二，人格权的行使不能违背公序良俗。从维护公共利益的需要出发，民法典对人格权作出了适当的限制。人格权的行使要符合公共道德，只有符合公序良俗，才应受到法律保护。违反公共道德的处分自己人格权益的行为，依法不受保护。第三，不得滥用人格权。权利人有权依法自主行使人格权，在法定的人格权范围内，任何人不得非法干涉其对权利的行使。但构成滥用人格权利的，人民法院应当认定该滥用行为不发生相应的法律效力。滥用权利如造成损害的，还要承担相应的民事责任。

（一）人格权的行使和人格利益的许可使用

民事主体享有人格权，有权依法自由行使人格权。自然人和法人、非法人组织有权依照《民法典》人格权编的规定自主行使或许可他人行使姓名权、肖像权等人格权，有权在生命权、身体权、健康权、隐私权等具体人格权受到侵害时主张追究行为人的民事责任。

近年来，随着市场经济的不断发展，人格权益的许可使用已经成为行使人格权的重要方式。传统社会中，社会形态比较简单，人格权更易于保护；随着社会的发展，肖像、声音、个人信息等的利用越来越多。《民法典》第九百九十三条规定："民事主体可以将自己的姓名、名称、肖像等许可他人使用，但是依照法律规定或者根据其性质不得许可的除外。"民法典关于人格权许可利用的规定适应了人格权行使的发展趋势，有效地协调了人格利益保护与利用的关系，有利于促进人格利益的商业开发利用。实践中，人格权许可使用多采取人格权许可使用合同的形式实现。该类合同除适用合同法一般规则外，还需遵守人格权法对合同的特殊规定。例如，民法典对肖像权使用合同，即特别规定，当事人对肖像许可使用期限没有约定或者约定不明确的，任何一方当事人可以随时解除肖像许可使用合同，但应当在合理期限之前通知对方。

任何权利都是有边界的，民法典在保护民事主体人格权、规定人格权行使的一般原则之外，还从维护国家利益、社会公共利益的角度考虑，力求平衡人格权保护和言论自由的关系。为此，特别规定了人格权合理使用制度。《民法典》第九百九十九条规定："为公共利益实施新闻报道、舆论监督等行为的，可以合理使用民事主体的姓名、名称、肖像、个人信息等。"这一制度形成了对人格权的行使的必要的、不能超过一定限度的限制。从司法审判实践来看，判断是否属于合理使用时一般从比例原则上考量。即能够最小化使用姓名、肖像、个人信息等的，都应最小化使用。非必要地扩大使用范围、受众范围的情况应当避免。凡是使用后能够及时通知权利人的，应当及时通知；凡是在使用后能够及时删除或者有必要删除的，应当在合理期限内及时删除。使用不合理而侵害他人人格权的，需要依《民法典》第九百九十九条承担民事责任。在实务中，为了商业推销等非公共利益目的使用民事主体的姓名、肖像、个人信息，在舆论监督中披露当事人家庭住址等超出必要范围的行为，都属于不当使用他人人格利益，需承担侵害人格权的民事责任。

（二）人格权的保护

人格权受法律保护。任何组织或者个人都应当承担尊重和不得侵害他人人格权的法定义务。国家机关依法负有保护民事主体人格权不受侵害的职责；任何国家机关非因法律授权和法律规定，并经过法定程序，不得剥夺民事主体的人格权。为保护民事主体的人格权，行为人侵害人格权应当依法承担包括民事责任、行政责任和刑事责任在内的法律责任。而对受害人来说，其在人格权受到侵害时，可以自主选择行使侵权请求权，追究行为人的侵权责任，也可以行使人格权请求权保护自己的人格权。

侵权请求权是指行为人实施的侵权行为侵害了受害人的人格权时，受害人有权依照《民法典》第一百一十八、一千一百六十四、一千一百六十五、一千一百七十九等条的规定，请求侵权人承担以损害赔偿为主要方式的请求权。民事主体的物质性人格权，即生命权、身体权和健康权受到侵害的，受害人依法享有人身损害赔偿请求权；民事主体的精神性人格权益，即姓名权、肖像权、声音权、名誉权、荣誉权、隐私权和个人信息权益遭受侵害的，受害人依法享有财产损害赔偿请求权和精神损害赔偿请求权。《民法典》第一千一百八十二条规定了财产损失赔偿责任。当侵权人侵害他人人身权益造成财产损失，被侵权人按照其所受损失或者侵权人因此获得的利益获得赔偿。在被侵权人因此受到的损失以及侵权人因此获得的利益难以确定的情况下，被侵权人和侵权人就赔偿数额协商不一致的，可以向人民法院提起诉讼，由人民法院根据实际情况确定赔偿数额。

精神损害赔偿是自然人因人身权益受到不法侵害而导致精神痛苦的，受害人可就其精神痛苦要求金钱上的补偿，以对受害人予以抚慰并制裁不法行为人。相比于人身损害赔偿，精神性人格利益损害主要是精神上的创伤、精神世界的痛苦，必须是在造成严重精神损害时才可能赔偿。如果只是轻微的损害，一般不应获得补救。考虑到精神损害难以形成物质性的损失衡量标准，《民法典》第九百九十八条规定，认定承担精神损害赔偿责任时，应当考虑行为人和受害人的职业、影响范围、过错程度，以及行为的目的、方式、后果等因素。在实务中，对在网络社交媒体恶意散布不实言论侵犯他人名誉权的，行为人承担的精神损害赔偿责任应当比媒体工作者新闻报道过失而造成的名誉权受害案更重。此外，为应对因违约行为所造成的精神损害日益增多的新情况，《民法典》第九百九十六条明确规定："因当事人一方的违约行为，损害对方人格权并造成严重精神损害，受损害方选择请求其承担违约责任的，不影响受损害方请求精神损害赔偿。"

人格权作为一项保护人格利益的绝对权，民法上为其专设请求权制度有利于全方位保护民事主体的人格利益。但在我国的人格权立法中，长期未能形成独立的人格权请求权制度。《民法典》第九百九十五条第一次明确单独规定了人格权请求权。据此，民事主体在人格权益遭受侵害时，有权向人民法院请求国家公权力排除侵害，有权请求行为人承担民事责任。人格权请求权的内容包括停止侵害、排除妨碍、消除危险、消除影响、恢复名誉、赔礼道歉请求权，按照民法典的规定，人格权请求权不适用诉讼时效的规定。民法典规定人格权请求权制度，有利于预防和制止侵害，有利于在侵害发生后消除侵害对权利人的影响。与侵权损害赔偿请求权相比，人格权请求权在人格权受到侵害或有侵害危险时产生。它的行使并不要求侵害人存在过错。实务中，人格权人行使人格权请求权会遇到侵害人拒不履行民事责任的情况，消除影响、恢复名誉、赔礼道歉等承担民事责任的方式执行起来往往比较困难。针对这一情况，为切实保护人格权请求权的实现，维护法律权威，《民法典》第一千条第二款规定："行为人拒不承担前款规定的民事责任的，人民法院可以采取在报刊、网络等媒体上发布公告或者公布生效裁判文书等方式执行，产生的费用由行为人负担。"

为弥补权利人行使侵权请求权限于事后救济的不足，进一步完善人格权保护制度,《民法典》第九百九十七条新增规定了侵害人格权的禁令制度。根据该制度,民事主体有证据证明行为人正在实施或者即将实施侵害其人格权的违法行为,不及时制止将使其合法权益受到难以弥补的损害的,有权依法向人民法院申请采取责令行为人停止有关行为的措施。这一制度不仅能及时制止损害还能预防损害,相对于侵权责任的事后救济而言,更有利于保护民事主体的人格尊严免受伤害。例如,在某拟拍卖私人信件的纠纷中,司法机关及时适用禁令制度,叫停了拍卖公司拟公开拍卖私人信件的系列活动,从而有效避免了私人信件所涉当事人的隐私权受到侵害。

(三)特殊人格利益的保护

根据《民法典》第十三条的规定,自然人的民事权利能力,始于出生,终于死亡。因而自然人死亡后就不再具有权利能力。但考虑到自然人的姓名等人格利益在其死后仍可能受到侵害,我国民法典继承了司法实践中保护死者人格利益的传统,规定了死者人格利益的民法保护规则,即死者的姓名、肖像、名誉、荣誉、隐私、遗体等受到侵害的,其配偶、子女、父母有权依法请求行为人承担民事责任;死者没有配偶、子女且父母已经死亡的,其他近亲属有权依法请求行为人承担民事责任。在司法实践中,诸多死者肖像权等人格利益受损害案件说明,死者人格利益保护主要关乎精神利益,也可能与财产利益相关。依法保护死者人格权益,维护了死者的人格尊严,保护了其近亲属的利益,既是对自然人民事权利的延伸保护,也是维护"死者为大"传统文化观念的有效实践。针对恶意散布谣言侵害英雄人物名誉权,伤害民族感情,造成恶劣社会影响的侵害死者人格利益的行为,《民法典》第一百八十五条特别规定，侵害英雄烈士等的姓名、肖像、名誉、荣誉，损害社会公共利益的，应当承担民事责任。当英雄烈士无近亲属或者近亲属怠于行使权利时，可由国家公诉机关和相关组织提起公益诉讼。该制度对维护民族精神、弘扬社会公共道德、有效保护英雄烈士人格利益、弘扬社会主义核心价值观，具有重要意义。[1]

---

[1] 石宏主编《中华人民共和国民法总则：条文说明、立法理由及相关规定》，北京大学出版社2017年版，第440页。

婚姻家庭继承基本制度

第七讲
CHAPTER 7

俗话说，清官难断家务事。有人说，没有冲突的婚姻，几乎同没有危机的国家一样难以想象。的确，家务事涉及婚姻、家庭、收养、继承等诸多领域；家庭又是一个相对稳定且需要相对稳定的组织，在这样一个组织体中，柴米油盐酱醋茶、抬头不见低头见，感情伦理法律道德习俗交织，冲突似乎不可避免，如何妥当处理，只讲民法可能不行，但有时也需要民法。比如，敏感复杂的婆媳关系如何处理？实践中，有不少人要求儿媳妇、女婿和女儿、儿子一样对待公婆、岳父母，如果达不到自己的要求，就抱怨指责，不仅没有促进家庭关系的和谐，反而使家庭关系更加僵化。事实上，我们要知道，按照民法典，一般情况下儿媳对公婆、女婿对岳父母没有法定赡养义务，也很难和女儿、儿子一样继承公婆、女婿的遗产，因此，我们不能强制要求儿媳、女婿和女儿、儿子一样对待公婆、岳父母。当然，基于中国传统文化，良好家风养成，和谐美好家庭关系，倡导、鼓励儿媳、女婿善待公婆、岳父母是非常必要的。也就是说，在处理这一敏感、复杂关系时，要注意方式方法，少一点强制、必须，多一点尊重、鼓励。以下分别介绍婚姻家庭继承基本原则，以及主要结婚制度、家庭制度、收养制度和继承制度。

一 婚姻家庭继承基本原则

《民法典》第一千零四十一条规定："实行婚姻自由、一夫一妻、男女平等的婚姻制度。"婚姻自由、一夫一妻和男女平等是基本婚姻制度，也可以说是婚姻的基本原则。第一千零四十三条第二款规定："夫妻应当互相忠实，互相尊重，互相关爱；家庭成员应当敬老爱幼，互相帮助，维护平等、和睦、文明的婚姻家庭关系。"互相忠实、互相尊重、互相关爱，是处理夫妻关系的基本原则，而敬老爱幼、互相帮助是家庭成员之间必须恪守的基本原则。第一千零四十一条第三款规定："保护妇女、未成年人、老年人、残疾人的合法权益。"弱者保护也是婚姻家庭关系处理的一项原则。第一千零四十四条规定了"收养应当遵循最有利于被收养人的原则"。第一千一百二十六条规定"继承权男女平等"。下面重点介绍婚姻自由、男女平等原则。

婚姻自由、男女平等原则是民法典平等、自愿原则的体现。历史地看，今天的婚姻自由、男女平等来之不易。两千多年来贯穿历朝历代始终的封建聘娶婚制，典型特点就是三从四德、父母之命、买卖婚姻，父母把儿女的婚姻当成买卖来做，婚后妻子可任由丈夫买卖。直至晚清和北洋政府，法律仍无视妇女对财产的继承权，妇女改嫁的，夫家财产仍要听前夫家的意见。即使到了民国民法，作为妻子没有姓名权，没有选择居住地的权利，也缺少教育子女权，父母对于未成年子女教育意见不一致时，父亲说了算。妇女要离婚很难。如妇女受到婆家虐待，但如果不至于手脚折断，造成残疾，就不能申请离婚；而且即使手脚残废，但如果仅仅是婆婆所致，丈夫并未参与，也构不成请求离婚的理由。毛泽东在1930年的《寻乌调查》中还写道："普通总是卖儿子，卖妻卖女的不经见。"婚姻制度的重大变革始于1950年《婚姻法》，其第一条规定：废除包办强迫、男尊女卑、漠视子女利益的封建主义婚姻制度。实行男女婚姻自由、一夫一妻、男女权利平等、保护妇女和子女合法权益的新民主主义婚姻制度。要知道1950年《婚姻法》所废除的，恰恰是千百年封建婚姻家庭制度所体现出的极度不平等、不自由。从此之后的1980年《婚姻法》和今天的《民法典》，均坚持婚姻自由、一夫一妻、男女平等的婚姻制度。

《民法典》对婚姻男女平等、自由原则主要体现在"四不得"，即不得强迫、不得干涉、不得欺诈、不得借婚姻索取财物。强扭的瓜不仅不甜，还违反法律规定。具体讲，一方面，结婚应当男女双方完全自愿，不仅禁止一方对另一方实施胁迫，也不允许一方对另一方进行欺诈。这里所谓的胁迫，例如一方以给另一方或者其近亲属的生命、身体、健康、名誉、财产等方面造成损害为要挟，迫使另一方人违背真实意愿结婚。对于受胁迫或受欺诈的婚姻，受害一方有权申请撤销。《民法典》第一千零五十二条规定，因胁迫结婚的，受胁迫的一方可以向人民法院请求撤销婚姻。请求撤销婚姻的，应当自胁迫行为终止之日起一年内提出。被非法限制人身自由的当事人请求撤销婚姻的，应当自恢复人身自由之日起一年内提出。但受胁迫或者被非法限制人身自由的当事人请求撤销婚姻的，不适用《民法典》"当事人自民事法律行为发生之日起五年内没有行使撤销权的，撤销权消灭"规定限制。《婚姻法》规定"患有医学上认为不应当结婚的疾病"禁止结婚，《民法典》更加尊重老百姓意愿，只是规定一方患有重大疾病的，应当在结婚登记前如实告知另一方；不如实告知的，另一方可以向人民法院请求撤销婚姻，还可以请求损害赔偿。就在民法典实施不久，北京发生了一例案件，因为一方未告知重大疾病，另一方婚后得知后不仅通过诉讼解除了婚姻，还获得了5万元赔偿。另一方面，任何组织或者个人不得干涉他人的婚姻，借婚姻索取财物。现在，在一些落后农村地区，索取高额彩礼的现象还比较普遍。值得强调的是，这里的任何组织和个人不仅包括父母，也包括子女。也就是说，不仅父母不得干预子女的婚姻自由，子女也应当尊重父母的婚姻权利，不得干涉父母离婚、再婚以及婚后的生活。此外，《民法典》的不少规定还体现了男女平等原则，如"夫妻在婚姻家庭中地位平等"（第一千零五十五条）、"夫妻双方都有各自使用自己姓名的权利"（第一千零五十六条）、"夫妻双方都有参加生产、工作、学习和社会活动的自由，一方不得对另一方加以限制或者干涉"（第一千零五十七条）、"夫妻双方平等享有对未成年子女抚养、教育和保护的权利，共同承担对未成年子女抚养、教育和保护的义务"（第一千零五十八条）、"夫妻对共同财产，有平等的处理权"（第一千零六十二条第二款），等等。

二 结婚离婚基本制度

（一）结婚基本制度

结婚的实质要件有：一是男女双方完全自愿，禁止任何一方对另一方加以强迫，禁止任何组织或者个人加以干涉；二是民法典规定的法定婚龄是男不得早于二十二周岁，女不得早于二十周岁，少数民族地方有特殊规定；三是直系血亲或者三代以内的旁系血亲禁止结婚。结婚的形式要件是男女双方应当亲自到婚姻登记机关申请结婚登记，完成结婚登记，即确立婚姻关系。

关于胁迫、欺诈婚姻的撤销制度，前已介绍。这里简单介绍婚姻无效制度。民法典规定了三种婚姻无效的情形，分别是重婚、有禁止结婚的亲属关系及未到法定婚龄。而有权向人民法院就已办理结婚登记的婚姻请求确认婚姻无效的主体，包括婚姻当事人及利害关系人。其中利害关系人包括：以重婚为由的，为当事人的近亲属及基层组织；以未到法定婚龄为由的，为未到法定婚龄者的近亲属；以有禁止结婚的亲属关系为由的，为当事人的近亲属。需要特别注意的是，对于重婚的情形，基层组织有权请求法院确认婚姻无效。

关于婚姻无效或被撤销的后果，《民法典》第一千零五十四条规定，无效的或者被撤销的婚姻自始没有法律约束力，当事人不具有夫妻的权利和义务。同居期间所得的财产，由当事人协议处理；协议不成的，由人民法院根据照顾无过错方的原则判决。对重婚导致的无效婚姻的财产处理，不得侵害合法婚姻当事人的财产权益。另外，婚姻无效或者被撤销的，无过错方有权请求损害赔偿。至于当事人所生的子女，当然适用民法典关于父母子女的规定。

（二）离婚基本制度

离婚有协议离婚和诉讼离婚两种形式。协议离婚就是好合好散，双方对子女抚养、财产以及债务处理等事项协商一致，签订了书面离婚协议。如果双方无法达成书面离婚协议，只能通过诉讼途径离婚。

协议离婚的，夫妻双方需亲自到婚姻登记机关申请离婚登记。之所以法律要求夫妻双方需亲自到婚姻登记机关申请离婚登记，是因为离婚和结婚这样的身份行为是不允许代理的。

为了防止现实中存在的各种草率离婚，民法典专门增加规定了离婚"冷静期"制度，即自婚姻登记机关收到离婚登记申请之日起30日内，任何一方不愿意离婚的，可以向婚姻登记机关撤回离婚登记申请。这里的"30日"即为冷静期，而30日"冷静期"届满后30日内，双方应当再亲自到婚姻登记机关申请发给离婚证；未申请的，视为撤回离婚登记申请。可以说，在民法典实施之前，可以闪婚闪离，现在可以闪婚，但不能闪离。

诉讼离婚的，在什么情况下法院会判离呢？民法典规定，如果感情确已破裂，调解无效的，应当准予离婚。何为"感情确已破裂"？以下几种情况法律明确规定应当准予离婚：重婚或者与他人同居；实施家庭暴力或者虐待、遗弃家庭成员；有赌博、吸毒等恶习屡教不改；因感情不和分居满二年；一方被宣告失踪，另一方提起离婚诉讼；第一次离婚诉讼判决不准离，双方又分居满一年，一方再次提起离婚诉讼。

诉讼离婚需要注意的事项有：一是现役军人的配偶要求离婚，应当征得军人同意，但是军人一方有重大过错的除外。二是女方在怀孕期间、分娩后一年内或者终止妊娠后六个月内，男方不得提出离婚；但是，女方提出离婚或者人民法院认为确有必要受理男方离婚请求的除外。三是离婚时，夫妻的共同财产由双方协议处理；协议不成的，由人民法院根据财产的具体情况，按照照顾子女、女方和无过错方权益的原则判决。四是有下列情形之一，导致离婚的，无过错方有权请求损害赔偿：（1）重婚；（2）与他人同居；（3）实施家庭暴力；（4）虐待、遗弃家庭成员；（5）有其他重大过错。五是夫妻一方隐藏、转移、变卖、毁损、挥霍夫妻共同财产，或者伪造夫妻共同债务企图侵占另一方财产的，在离婚分割夫妻共同财产时，对该方可以少分或者不分。离婚后，另一方发现有上述行为的，可以向人民法院提起诉讼，请求再次分割夫妻共同财产。

关于离婚财产分割，基本的规定是由双方协议处理；协议不成的，由人民法院根据财产的具体情况，按照照顾子女、女方和无过错方权益的原则判决。谁是过错方？重婚、与他人同居、实施家庭暴力、虐待遗弃家庭成员，以及隐藏、转移、变卖、毁损、挥霍夫妻共同财产，或者伪造夫妻共同债务企图侵占另一方财产的。实践中，经常有朋友问我，夫妻关系不好准备离婚或者已经提起离婚诉讼，另一方隐藏、转移、变卖、毁损、挥霍夫妻共同财产，或者伪造夫妻共同债务，该怎么办。我说关键是要掌握好证据，因为出现这种情况，法律规定在夫妻共同财产分割时可以少分或者不分。即使离婚后发现有这些行为，也可以起诉请求再次分割夫妻共同财产。至于因重婚、与他人同居、实施家庭暴力、虐待遗弃家庭成员等导致离婚的，不仅会影响共同财产分割，无过错方还有权请求损害赔偿。需要注意的是，《民法典》特别规定，夫妻一方因抚育子女、照料老年人、协助另一方工作等负担较多义务的，离婚时有权向另一方请求补偿，另一方应当给予补偿。

关于子女抚养，重点内容有以下三点：

一是基本的原则。不满两周岁的子女，以由母亲直接抚养为原则；已满两周岁的子女，父母双方对抚养问题协议不成的，由人民法院根据双方的具体情况，按照最有利于未成年子女的原则判决；子女已满八周岁的，应当尊重其真实意愿。关于双方抚养子女的条件，如果父母抚养子女的条件基本相同，双方均要求直接抚养子女，但子女单独随祖父母或者外祖父母共同生活多年，且祖父母或者外祖父母要求并且有能力帮助子女照顾孙子女或者外孙子女的，可以作为父或者母直接抚养子女的优先条件予以考虑。

二是抚养费的数额，可以根据子女的实际需要、父母双方的负担能力和当地的实际生活水平确定。有固定收入的，抚养费一般可以按其月总收入的20%~30%的比例给付。负担两个以上子女抚养费的，比例可以适当提高，但一般不得超过月总收入的50%。无固定收入的，抚养费的数额可以依据当年总收入或者同行业平均收入，参照上述比例确定。有特殊情况的，可以适当提高或者降低上述比例。

三是子女的抚养关系可以变更，除了抚养人抚养能力客观变化、抚养态度恶化导致的变更以外，已满八周岁的子女，愿随另一方生活，而该方又有抚养能力的，可以请求法院变更抚养关系。

四是父母不得因子女变更姓氏而拒付子女抚养费。父或者母擅自将子女姓氏改为继母或继父姓氏而引起纠纷的，应当责令恢复原姓氏。

三 主要家庭制度

伏尔泰曾说，对于亚当而言，天堂是他的家，而对于他的后裔而言，家就是他们的天堂。说到家庭，《民法典》特别规定，家庭应当树立优良家风，弘扬家庭美德，重视家庭文明建设。有不少表格要求填写家庭成员，那么，谁是家庭成员？按照《民法典》规定，配偶、父母、子女和其他共同生活的近亲属为家庭成员，而近亲属包括配偶、父母、子女、兄弟姐妹、祖父母、外祖父母、孙子女、外孙子女，因此家庭成员只能是近亲属范围中的某些人。需要注意的是，配偶、父母、子女作为家庭成员不以共同生活为条件，比如，孩子在国外留学，父母在千里之外的老家生活，这不影响他们是共同的家庭成员。但其他近亲属要成为家庭成员需要共同生活这一条件。家庭关系主要是夫妻关系、父母子女关系和其他近亲属关系。

（一）夫妻关系

对于夫妻关系，大家比较关注的是婚姻关系存续期间的财产关系、债务关系。

关于夫妻财产，如果看法律规定，的确比较复杂。其实，只要把握两点即可。第一点，民法有一个基本原则——自愿，这一原则在夫妻财产方面的表现就是尊重夫妻的约定。也就是说，夫妻的财产归属，有约定的，按照约定。双方可以约定婚姻关系存续期间所得的财产以及婚前财产归各自所有、共同所有或者部分各自所有、部分共同所有。只不过，约定应当采用书面形式。第二点，如果没有约定，记住哪些是个人财产，剩下的就是共同财产。个人财产主要是四类：一方的婚前财产，一方因受到人身损害获得的赔偿或者补偿，遗嘱或者赠与合同中确定只归一方的财产，一方专用的生活用品。这里特别需要强调的是遗嘱或者赠与合同中确定只归一方的财产。此外，军人的伤亡保险金、伤残补助金、医药生活补助费属于个人财产。前不久，有朋友问我：他在儿子结婚前花了200多万元买了一套房子，儿子结婚后办了房产证，证书上记载了小两口的名字，可刚结婚不久小两口就闹离婚，法院能判房子归儿子吗？我说，你给儿子买房，属于赠与，产权登记在小两口名下，显然不能说你只赠与了儿子一方，民法典规定遗嘱或者赠与合同中确定只归一方的财产属于个人财产，你这种情况显然不是。现在很多父母为子女出资购置房屋或汽车等重要财产。对于这些财产的归属，父母如果只希望自己的子女享有所有权，最好通过赠与合同明确约定只归自己的子女，并在相应的产权登记中予以落实。另外，如果父母有只让自己的子女继承其遗产的意愿，也应当通过遗嘱明确指定遗产只归自己的子女。如果没有明确约定或指定，继承或者受赠的财产为共同财产。知道了哪些属于个人财产，共同财产的范围也基本清楚了，比如：夫妻在婚姻关系存续期间所得的工资、奖金、劳务报酬；生产、经营、投资的收益，包括一方以个人财产投资取得的收益；知识产权的收益等。实践中，管理夫妻共同财产的一方往往要求另一方上交工资、奖金等，这从工资奖金归共同财产的角度看是有道理的。还有，虽然婚前的财产为一方的个人财产，但是，生产、经营、投资的收益为共同财产，即使投资行为发生在婚前，只要收益产生于婚内，就归夫妻共同财产，当然，孳息和自然增值除外。此外，男女双方实际取得或者应当取得的住房补贴、住房公积金、基本养老金、破产安置补偿费为共同财产。还有，由一方婚前承租、婚后用共同财产购买的房屋，登记在一方名下的，应当认定为夫妻共同财产。

关于夫妻财产，特别强调以下几点。第一，如前介绍，现在很多父母为子女出资购置房屋或汽车等重要财产。对于这些财产的归属，实践中发生了不少纠纷。关于房产的归属，最高法院的司法解释明确规定：当事人结婚前，父母为双方购置房屋出资的，该出资应当认定为对自己子女个人的赠与，但父母明确表示赠与双方的除外。当事人结婚后，父母为双方购置房屋出资的，依照约定处理；没有约定或者约定不明确的，为夫妻共同财产。或许很多父母并不习惯用书面约定的方式处理财产归属，因此，不管是婚前购置的房产，还是婚后购置的房产，房屋产权的登记就显得尤为重要。第二，实践中很多夫妻共同的房屋登记在一方名下，这种做法是有一定风险的。因为，如果房产证上有姓名的这一方未经另一方同意擅自处分房产（很可能还伴随挥霍转让款），这时如果买方并不知道该房属于夫妻共同财产，而且支付了合理对价并已办理不动产登记，房产证上没有姓名的这一方是无法追回房屋的，只有在离婚时，可以请求赔偿损失（如果有损失的话）。第三，婚姻关系存续期间，可以向法院请求分割共同财产的情形只有两种：一是一方有隐藏、转移、变卖、毁损、挥霍夫妻共同财产或者伪造夫妻共同债务等严重损害夫妻共同财产利益的行为；二是一方负有法定扶养义务的人患重大疾病需要医治，另一方不同意支付相关医疗费用。当然，这里讲的是向法院通过诉讼的方式请求分割共同财产，如果双方协议分割，自无问题。第四，夫妻一方婚前签订不动产买卖合同，以个人财产支付首付款并在银行贷款，婚后用夫妻共同财产还贷，不动产登记于首付款支付方名下的，离婚时该不动产由双方协议处理。不能达成协议的，法院一般会将该不动产判归登记一方，尚未归还的贷款为不动产登记一方的个人债务。双方婚后共同还贷支付的款项及其相对应财产增值部分，离婚时，法院会按照照顾子女、女方和无过错方权益的原则，判决由不动产登记一方对另一方进行补偿。第五，婚姻关系存续期间，双方用夫妻共同财产出资购买以一方父母名义参加房改的房屋，登记在一方父母名下，离婚时另一方不得主张按照夫妻共同财产对该房屋进行分割。购买该房屋时的出资，可以作为债权处理。

关于夫妻债务，可区分为共同债务和个人债务，我们只要明白了哪些是共同债务，也就知道了哪些是个人债务。夫妻共同债务主要有三类。第一类，夫妻双方共同明确认可的债务。这包括共同签字所负的债务，也包括夫妻一方所负债务，另一方事后追认的。第二类，夫妻一方在婚姻关系存续期间，以个人名义为家庭日常生活需要所负的债务。何为"日常家庭生活需要",有些可能很容易判断,有些则不然,因为不同的家庭收入不同、生活方式不同,消费结构也有很大不同。民间有一种说法,"吃饭穿衣量家当",就是说消费要与收入差不多。因此,举债数额是判断是否属于日常家庭生活的关键因素,一般情况下,为家庭日常生活需要所负的债务不应超过家庭年收入过多。第三,债权人能够举证证明该债务用于共同生活、共同生产经营等。

关于夫妻债务,1950年《婚姻法》第二十四条规定,离婚时,原为夫妻共同生活所负担的债务,以共同生活时所得财产偿还;如无共同生活时所得财产或共同生活时所得财产不足清偿时,由男方清偿。男女一方单独所负的债务,由本人偿还。1980年《婚姻法》基本延续了1950年《婚姻法》的规定,其第三十二条规定,离婚时,原为夫妻共同生活所负的债务,以共同财产偿还。如该项财产不足清偿时,由双方协议清偿;协议不成时,由人民法院判决。男女一方单独所负债务,由本人偿还。2001年《婚姻法》第十九条第三款规定,夫妻对婚姻关系存续期间所得的财产约定归各自所有的,夫或妻一方对外所负的债务,第三人知道该约定的,以夫或妻一方所有的财产清偿。第四十一条规定,离婚时,原为夫妻共同生活所负的债务,应当共同偿还。共同财产不足清偿的,或财产归各自所有的,由双方协议清偿;协议不成时,由人民法院判决。2003年《最高人民法院关于适用〈中华人民共和国婚姻法〉若干问题的解释(二)》(以下简称《婚姻法司法解释(二)》)第二十四条规定:"债权人就婚姻关系存续期间夫妻一方以个人名义所负债务主张权利的,应当按夫妻共同债务处理。但夫妻一方能够证明债权人与债务人明确约定为个人债务,或者能够证明属于婚姻法第十九条第三款规定情形的除外。"2017年2月28日，最高人民法院公布《最高人民法院关于适用〈中华人民共和国婚姻法〉若干问题的解释（二）的补充规定》，在《婚姻法司法解释（二）》第二十四条的基础上增加两款，分别作为该条第二款和第三款，内容是：夫妻一方与第三人串通，虚构债务，第三人主张权利的，人民法院不予支持。夫妻一方在从事赌博、吸毒等违法犯罪活动中所负债务，第三人主张权利的，人民法院不予支持。由此可见，夫妻一方所负债务的法律规定，除了基于共同生活所负债务以外，基本经历了从个人负担，到共同负担，再到民法典的个人负担的发展历程。

应该说，民法典对夫妻债务的规定对我们的生活影响不小。从风险防范的角度讲，民法典实施后给已婚的他人借钱，一定要考虑这笔钱借给他之后，他究竟是以家庭共同财产保证偿还，还是仅仅以个人财产保证偿还。如果数额比较大，还有必要问一下借款的用途。当然，从日常生活观念及证据的角度来讲，了解所借款项的支付收款方或去向也对于判断是否属于夫妻共同债务具有重要意义。

（二）其他近亲属关系

除夫妻关系外，重要的家庭关系是父母子女关系。费孝通曾说，在父母的眼中，孩子常是自我的一部分，子女是他理想自我再来一次的机会。父母子女关系相对好处理，但有时候或者在特定阶段也比较让人头疼。青春期的孩子可能会对父母说不要管我了。这时候父母该怎么办呢？能不管吗？但如果父母直接说我就要管你，效果好吗？其实，《民法典》规定父母对未成年子女负有抚养、教育和保护的义务。这些义务是不能放弃的，因此必须管，但管的方法是否妥当需斟酌，因为家庭成员之间是平等的。如果换种方式对孩子说,不是我要管你,而是法律规定的义务我不能放弃——这样效果可能会好点,毕竟现在的孩子对法律还是有敬畏之心的。另外,与父母对未成年子女的抚养、教育、保护三项义务相对,成年子女对父母也有赡养、扶助和保护的三项义务。父母子女关系还有一个值得关注的,就是亲子关系的认定,《民法典》规定,对亲子关系有异议且有正当理由的,父或者母可以起诉请求确认或者否认亲子关系。对亲子关系有异议且有正当理由的,成年子女可以起诉请求确认亲子关系。注意,成年子女只能请求确认亲子关系,而不能请求否认亲子关系。

家庭关系还有一项重要内容,即是特定条件下父母的优先抚养权。配偶一方死亡,另一方送养未成年子女的,死亡一方的父母有优先抚养的权利。实践中争夺孩子抚养权的案例不少,虽然子女去世的情况下,爷爷奶奶或姥爷姥姥无权和儿媳妇、女婿争孩子的抚养权,但如果儿媳妇或女婿送养其子女的,爷爷奶奶或姥爷姥姥有优先权。

需要指出的是,旧中国买卖孩子名义上不说"卖"而说"过继",但大家都认为是买卖。今天,仍有以收养名义买卖儿童的。《民法典》第一千零四十四条第二款规定,禁止借收养名义买卖未成年人。《中国儿童发展纲要(2021—2030年)》也明确提出对此要有效防范和严厉打击。

家庭关系中,还有一项值得关注的内容,就是其他家庭成员之间是否有扶养、赡养、抚养义务。生活中经常有人问兄弟姐妹之间是否有扶养义务这样的问题。其实,兄弟姐妹之间的抚养义务,祖父母、外祖父母与孙子女、外孙子女之间的赡养与抚养义务的存在是有诸多条件限制的。比如,父母死亡或无力抚养,本人有负担能力等。典型的如《民法典》第一千零七十五条规定，有负担能力的兄、姐，对于父母已经死亡或者父母无力抚养的未成年弟、妹，有扶养的义务；由兄、姐抚养长大的有负担能力的弟、妹，对于缺乏劳动能力又缺乏生活来源的兄、姐，有扶养的义务。

关于家庭成员之间的抚养赡养关系，有这样一个案例。张某与王某系夫妻，张某的父亲得了重大疾病需要巨额医疗费用。张某欲卖掉家里的另一套商品房为父治病，可妻子王某坚决不同意。张某该如何是好？首先，需要说明的是，张某的父亲是王某的公公，根据民法典，王某对其公公无法定赡养义务，王某的公公也不是王某的家庭成员，因此，王某不同意支付巨额医疗费用从法律上讲也无可厚非。其次，张某对其父亲有法定赡养义务，张某提出以家庭共有的另一套商品房的变卖款为父亲治病诚属正当。最后，以往的法律并未对这种复杂情况提供明确的解决办法，但《民法典》对此作了回应，即第一千零六十六条规定，婚姻关系存续期间，有下列情形之一的，夫妻一方可以向人民法院请求分割共同财产：（1）一方有隐藏、转移、变卖、毁损、挥霍夫妻共同财产或者伪造夫妻共同债务等严重损害夫妻共同财产利益的行为；（2）一方负有法定扶养义务的人患重大疾病需要医治，另一方不同意支付相关医疗费用。

值得进一步强调的是，民法典是社会生活的百科全书，这部法典为我们提供了丰富的解决复杂疑难问题的思路或具体办法。我们学习民法典不仅是为了守法，也要学会善于运用民法为我们提供的选择机会和方法，更好地安排生活、解决矛盾纠纷。或许民法典为我们提供的解决办法不是最好的，但至少是能够为社会大众所普遍接受的，因为法律本身就是社会大众共同意志的产物。

四 收养制度

（一）送养人、被收养人和收养人的资格

孤儿的监护人、儿童福利机构和有特殊困难无力抚养子女的生父母可以作为送养人。未成年人的父母均不具备完全民事行为能力且可能严重危害该未成年人的，该未成年人的监护人可以将其送养。

丧失父母的孤儿、查找不到生父母的未成年人和生父母有特殊困难无力抚养的未成年子女可以被收养。

收养人一般应当同时具备下列条件：（1）无子女或者只有一名子女；（2）有抚养、教育和保护被收养人的能力；（3）未患有在医学上认为不应当收养子女的疾病；（4）无不利于被收养人健康成长的违法犯罪记录；（5）年满三十周岁。

（二）收养的特殊限制

无子女的收养人可以收养两名子女；有子女的收养人只能收养一名子女。收养孤儿、残疾未成年人或者儿童福利机构抚养的查找不到生父母的未成年人，可以不受收养子女或自己子女数量的限制。

有配偶者收养子女，应当夫妻共同收养。无配偶者收养异性子女的，收养人与被收养人的年龄应当相差四十周岁以上。

配偶一方死亡，另一方送养未成年子女的，死亡一方的父母有优先抚养的权利。

收养人、送养人要求保守收养秘密的，其他人应当尊重其意愿，不得泄露。

（三）收养的成立与生效

收养应当向县级以上人民政府民政部门登记。收养关系自登记之日起成立。收养关系当事人各方或者一方要求办理收养公证的，应当办理收养公证。

自收养关系成立之日起，养父母与养子女间的权利义务关系，适用民法典关于父母子女关系的规定；养子女与养父母的近亲属间的权利义务关系，适用民法典关于子女与父母的近亲属关系的规定。

养子女与生父母以及其他近亲属间的权利义务关系，因收养关系的成立而消除。

五 继承制度

培根曾讲，子女中那种得不到遗产继承权的幼子，常常会通过自身奋斗获得好的发展，而坐享其成者，却很少能成大业。卡耐基还说，在巨富中死去是一种耻辱。财富的传承一方面是对创造财富的激励和对财产权的尊重，另一方面，财产的继承可能导致不劳而获，造成代际不公。现代各国一方面保护继承权，但另一方面通过赠与税、遗产税制度尽可能地弱化继承导致的不劳而获和代际不公。

从我国实践看，财富积累越来越多，因继承引发的矛盾也不少。继承关系的处理，涉及两个方面的问题：一个是作为继承人如何继承财产，另一个是作为被继承人如何妥当安排"后事"。

我们先看第一个问题。家里老人去世了，该如何处理遗产？民法坚持自愿原则，尊重老百姓的自主安排，如果老人留有遗嘱且遗嘱有效，按遗嘱继承。如果没有遗嘱或者遗嘱无效，就按法律规定继承。这时，主要应关注以下几点：一是继承的对象是遗产，因此，很多情况下首先需要将被继承人的遗产从夫妻财产或家庭财产中分割出来。我们常听说要先将夫妻财产拿出一半就是这个道理。二是看谁有权继承。法律规定的第一顺序继承人有配偶、子女、父母，如果子女先于老人死亡的，由子女的直系晚辈血亲代位继承，比如由孙子外孙代他父母的位置继承爷爷奶奶姥爷姥姥的遗产。此外，被继承人的丧偶儿媳对公婆，丧偶女婿对岳父母，尽了主要赡养义务的，作为第一顺序继承人。如果没有第一顺序继承人，或者第一顺序继承人被剥夺继承权，或者放弃继承权，则由第二顺序继承人继承，第二顺序继承人有兄弟姐妹、祖父母、外祖父母，如果兄弟姐妹先死亡的，由兄弟姐妹的子女代位继承，也就是说外甥外甥女、侄子侄女代其父母继承。三是遗产的处理。原则上同一顺序继承人继承遗产的份额，一般应当均等。但对生活有特殊困难又缺乏劳动能力的继承人，应当照顾；对被继承人尽了主要扶养义务或者与被继承人共同生活的继承人，可以多分；而对有扶养能力和有扶养条件的继承人，不尽扶养义务的，应当不分或者少分。

此外，我们要学会用遗嘱处理遗产。实践中，因为没有对后事事先安排妥当引发的家庭矛盾太多了，我也见过不少父母子女之间、兄弟姐妹之间因为争夺遗产而对簿公堂、反目成仇的案例。如果不提前安排妥当，财富多了不一定是好事。订立遗嘱，需要注意以下几点：

一是遗嘱的种类包括自书遗嘱、代书遗嘱、打印遗嘱、录音录像遗嘱、口头遗嘱、公证遗嘱，都有不同的要求。二是遗嘱的形式有严格要求。比如，打印遗嘱不仅要求有两个以上的见证人见证，还要求遗嘱人和见证人应当在遗嘱每一页签名，注明年、月、日。三是除了自书遗嘱、公证遗嘱之外的遗嘱都需要有两个以上见证人在场见证，而见证人一定是无利害关系之人。比如有人问我，舅舅、同事可不可以当见证人，我的回答是不一定。四是公证遗嘱不再有优先效力，立有数份遗嘱，内容相抵触的，以最后的遗嘱为准。所以，即使有公证遗嘱，也不能保证实际能够继承遗产。从不动产登记部门的角度看，民法典的这一个制度变革对登记部门带来了不小挑战。民法典实施之前，只要有公证遗嘱，不动产登记部门就可以办理不动产过户登记。而现在，严格讲，即使继承人以公证遗嘱办理不动产登记过户手续，登记部门依然可能面临登记错误赔偿的风险。而对于非公证遗嘱继承，过去的做法是要求所有继承人到不动产登记部门接受询问、签署有关文件，但这会给老百姓办理不动产继承过户登记带来不便。如何协调遗嘱继承乃至继承不动产登记安全和老百姓办事便利之间的关系，的确需要探讨更好的办法。

最后，再强调两点：一是无人继承又无人受遗赠的遗产，归国家所有，用于公益事业；死者生前是集体所有制组织成员的，归所在集体所有制组织所有。二是民法典规定了遗产管理人制度，继承开始后，遗嘱执行人为遗产管理人；没有遗嘱执行人的，继承人应当及时推选遗产管理人；继承人未推选的，由继承人共同担任遗产管理人；没有继承人或者继承人均放弃继承的，由被继承人生前住所地的民政部门或者村民委员会担任遗产管理人。对遗产管理人的确定有争议的，利害关系人可以向人民法院申请指定遗产管理人。遗产管理人应当依法履行职责，因故意或者重大过失造成继承人、受遗赠人、债权人损害的，应当承担民事责任。遗产管理人可以依照法律规定或者按照约定获得报酬。

有这样一个案例。李某有一个妹妹，父亲早逝，母亲有一套房。两年前，母亲在身体健康时写了遗嘱，言明房子由李某继承，并进行了公证。如今民法典已颁布，李某得知民法典规定"立有数份遗嘱，内容相抵触的，以最后的遗嘱为准"，因此她觉得公证的遗嘱也不一定可靠，想寻求法律帮助。李某该怎么办？首先，民法典在遗嘱的形式和效力方面的确有比较大的改变。在遗嘱的形式方面，在原来继承法规定的口头遗嘱、自书遗嘱、代书遗嘱、录音遗嘱和公证遗嘱的基础上，增加规定了打印遗嘱和录像遗嘱，使得立遗嘱人有了更多的选择。在遗嘱的效力上，《继承法》第二十条第二款规定，立有数份遗嘱，内容相抵触的，以最后的遗嘱为准；第三款规定，自书、代书、录音、口头遗嘱，不得撤销、变更公证遗嘱。这由此确立了公证遗嘱相对于其他遗嘱的优先效力。但民法典改变了这一规则，其第一千一百四十二条第三款规定，立有数份遗嘱，内容相抵触的，以最后的遗嘱为准，从而取消了公证遗嘱的优先效力。其次，虽然民法典改变了遗嘱的效力规则，使得公证遗嘱的优先效力丧失，但民法典于2021年1月1日生效。按照法不溯及既往的原则，对于民法典生效之前所立的数份遗嘱，如果内容相抵触且有公证遗嘱的，当然应当按照继承法的规定确定遗嘱的效力。但问题是，在民法典实施后，李某的母亲仍有可能立新遗嘱。如果民法典实施之前的公证遗嘱和民法典实施之后的其他遗嘱内容相抵触，公证遗嘱并不当然具有优先效力。最后，民法典的配套制度正在不断建设中，目前实践的做法是，只要有公证遗嘱，不动产登记部门就会办理不动产过户登记。如果遗嘱没有经过公证，需要所有继承人到场。这种做法在民法典实施之前固然没有问题，但在今天，这样操作是有一定风险的。本案中，李某如果要确保她所持有的公证遗嘱得以顺利执行，避免日后的矛盾纠纷，还可以在其母亲判断能力缺乏时申请认定其母亲为限制行为能力人或无行为能力人，因为按照民法典，无民事行为能力人和限制民事行为能力人所立的遗嘱无效。

总之，婚姻家庭深受风俗习惯、传统观念影响。一些不好的风俗习惯、传统观念至今还影响着我们法律的实施效果。比如，自1950年《婚姻法》规定禁止买卖婚姻、禁止借婚姻索取财物至今已有70多年了，但高额彩礼的问题依然存在。历史上限制妇女继承的规定，今天还影响到农村妇女承包土地的权利。处理家务事，不能全靠民法，但绝对不能忽视民法。

侵权责任基本制度

第八讲
CHAPTER 8

有人说，今天我们这个时代是个权利的时代；也有人说，今天我们所处的社会是个风险社会。是的，我们的权利不少，但权利被侵犯的可能性也不低。权利遭到侵犯怎么办？遭受损害后要求赔偿的特别理由又是什么呢？为什么你驾驶机动车造成交通事故，首先要承保机动车强制责任保险（以下简称"交强险"）的保险公司承担责任？机动车和行人发生交通事故，机动车方"无责"，为什么也要承担10%的责任？某企业污染环境造成损害，民法典为什么规定由企业举证证明它的行为与损害之间不存在因果关系，否则要承担责任？理解今天民法典规定的形形色色的侵权损害赔偿责任，还得从侵权损害赔偿发展变化的历史中把握。当然，我们了解侵权损害赔偿制度的目的，主要还是学以致用，学会在发生损害事故时判断侵权损害赔偿责任的有无，进而防范控制侵权损害赔偿风险。

本讲主要介绍侵权归责原则、侵权损害赔偿责任的判断、侵权损害赔偿的范围和特殊侵权责任类型等内容。

一 侵权归责原则

（一）侵权归责原则的演变

人类历史上现今仅存最完整、最早的成文法典是3800年前的《汉谟拉比法典》，这部法典规定，如果医生以青铜刀为自由民施行严重的手术而导致自由民死亡，或以青铜刀割自由民的眼疮而毁损自由民眼睛，则医生应断指。

200多年前，也就是1804年的《法国民法典》规定："因过错致人损害者，应对他人负赔偿之责。"

我们看《法国民法典》和《汉谟拉比法典》的规定有何不同？《汉谟拉比法典》的规定类似于"以牙还牙""以眼还眼"，而且不问医生有无过错，直接对损害后果承担责任，这是典型的结果责任。而《法国民法典》规定对损害进行赔偿，不再是以牙还牙，赔偿还要有过错。《法国民法典》的这一规定奠定了近代侵权责任法著名的过错责任原则。

从古代的结果责任，到近代的过错责任，这是侵权损害赔偿制度的巨大进步。虽然罗马法已有过错的概念，如《国法大全》规定如果医生为你的奴隶动手术，忽视了治疗，奴隶因此死亡，医生就要承担过失的责任。无经验也是一种过错，例如，医生手术水平低劣，或用错了药，杀死了你的奴隶。但将过错确立为侵权损害赔偿的一般原则，还是近代《法国民法典》才实现的。它的进步意义在哪里呢？一方面，让个人就他的过错行为给他人造成的损害负责任，有道德上的正当性，很容易为社会大众所接受，有错当然要承担责任；另一方面，过错责任的反面就是如果这个人没有过错，将不负责任，这使得个人从古代动辄被追究责任的束缚下解放了出来，从而可以对自己行为的后果有所预期，有助于调动人们行为的积极性。自主参与、自己负责，这无疑体现了对个人尊严的尊重。

当然，从古代的结果责任到近代的过错责任，这才是侵权损害赔偿制度发展的第一步。时代在变迁，现代侵权损害赔偿制度也变化了不少。这可以从我国民法典的规定中看出来。民法典一方面规定，过错侵害他人民事权益造成损害的，应当承担侵权责任；另一方面又规定，依照法律规定推定行为人有过错，其不能证明自己没有过错的，应当承担侵权责任。这是什么意思呢？就是你要证明自己没有过错，才能免于承担侵权责任。由于一般情况下受害人要让加害人承担侵权责任，得自己证明加害人有过错，而这里规定特殊情形下由加害人证明自己没有过错，所以也叫举证责任倒置。比如，游客在海南旅游，不幸被掉落的椰子砸伤，谁该承担责任？根据民法典，林木的所有人或者管理人不能证明自己没有过错的，应当承担侵权责任。此外，民法典还规定，造成他人民事权益损害，不论有无过错，法律规定应当承担侵权责任的就要承担责任。这叫无过错责任。比如，道路交通安全法规定，机动车发生交通事故造成人身伤亡、财产损失的，由保险公司在机动车第三者责任强制保险责任限额范围内予以赔偿。民法典规定，因污染环境、破坏生态造成他人损害的，侵权人应当承担侵权责任。

既然过错责任有道德正当性，有利于调动人们的积极性，为什么民法典又要规定过错推定责任和无过错责任呢？我们回顾一下近现代历史就明白了。《法国民法典》颁布之后不久，火车在西方发达国家出现，此后，铁路事故、矿山事故等日益增多。到1900年前后，每50名美国工人中每年就有一名因工伤事故死亡或者伤残，其中铁路与煤矿事故发生率最高。而自1886年世界上第一辆汽车诞生，到20世纪20年代前后汽车在发达国家普及，汽车事故更是触目惊心。1930年美国上道路行驶的机动车是2300万辆。结果是，1930年美国有超过3万人死于机动车事故，这比今天的死亡率高20倍。另外，事故受害人得不到有效赔偿，那个年代，社会保障不健全、商业保险几乎没有，受害人也很难证明铁路企业、矿山企业、机动车驾驶人有过错，因而获得赔偿困难重重。在美国，有统计表明，1909—1910年，至少有43%的工伤死亡事故家庭几乎没有得到任何赔偿，即便有些家庭能从雇主处获得一定的赔偿，金额往往不超过死者半年的收入。为了减轻受害人获得赔偿的证明负担，工业文明先进国家纷纷开始改革侵权损害赔偿制度：要么让企业或机动车方证明自己没有过错，否则承担损害赔偿责任；要么干脆规定无过错责任，就让企业或机动车方赔偿，除非他们能够证明受害人有故意或重大过失。当然，工业事故赔偿后来直接演变成了工伤保险。有些国家甚至将机动车事故受害人补偿也通过社会保障途径解决。

那么，让企业或机动车方承担比较重的赔偿责任，合理性何在？其实，法律是平衡的艺术，这是现代工业社会在权衡受害人保护和加害人自由之后不得不作出的艰难选择。一方面，现代工业极大地改善了人类生活、促进了社会进步，因而不能认为其是不法行为；另一方面，现代工业又不断地制造较大范围的危险，这些危险是社会一般人难以预防和控制的。对于这些人为造成的"不幸损害"，应如何归责？法律最终倾向于让危险来源的制造者承担，理由是：危险来源的制造者在一定限度内可以控制危险；他们从经营或使用该企业、物品收到了高额利益，基于公平正义的原则，获得利益即须承担风险；这些企业能够在一定范围内承担风险，而且还可以通过价格机制或保险分化风险，而让一般公民承担此风险则几乎不可能；让一般受害人承担举证责任甚为困难。或许有人要问，我是私家车车主又不是企业主，为什么还要承担那么重的责任呢？其实，机动车无过错责任的承担与保险有很大关系。也就是说，法律规定机动车方承担比较重的责任的目的，并不是让损害赔偿责任的负担停留在机动车方，而是让机动车方通过投保，进一步将赔偿责任分散给社会。因此，机动车方无过错责任一定要和成熟的保险市场结合起来。

或许，有人还想问，不问过错就让加害人承担损害赔偿责任，这是不是回到了古代的结果责任？当然不是。古代的结果责任主要还是个人之间的责任，那时候不是不问过错，而是可能根本不知道什么是过错，而且绝大多数情况下加害人是有过错的，但现代工业事故很多时候并不存在道德非难性。另外，在现代无过错责任，加害人还可以通过证明受害人有过错、损害由不可抗力造成等减轻责任或免除责任。比如民用核设施营运单位对损害承担无过错责任，但是，能够证明损害是因战争、武装冲突、暴乱等情形或者受害人故意造成的，不承担责任。当然，还有一个重大区别，今天的无过错责任大多建立在责任保险基础上，古代的结果责任不可能与保险有关。

（二）民法典对侵权归责原则的规定

《民法典》有关侵权归责原则的规定，集中体现在其第一千一百六十五条和第一千一百六十六条。其中第一千一百六十五条第一款规定："行为人因过错侵害他人民事权益造成损害的，应当承担侵权责任。"这是典型的过错责任。第一千一百六十五条第二款规定："依照法律规定推定行为人有过错，其不能证明自己没有过错的，应当承担侵权责任。"这是典型的过错推定责任。第一千一百六十六条规定："行为人造成他人民事权益损害，不论行为人有无过错，法律规定应当承担侵权责任的，依照其规定。"这是无过错责任的规定。

过错责任和无过错责任，逻辑上互斥，自不会有什么争议。但过错推定就不同，从逻辑上讲，过错推定仅仅是倒置了举证责任，即将本应由原告承担的举证责任转移给被告承担，本质上依然为过错责任，应当纳入过错责任范畴；但从实践来看，古罗马法有"举证之所在，败诉之所在"的法谚，当事故发生后，面对受害人，法官（包括普通百姓）很难否认被告没有过错，尤其是在有保险存在的情形下更是如此，因而从实际效果看，过错推定责任更接近于无过错责任范畴。

从具体规定来看，除了前文已经引用的规定外，《民法典》在不同规定中体现了不同归责原则。如第一千一百九十九条规定："无民事行为能力人在幼儿园、学校或者其他教育机构学习、生活期间受到人身损害的，幼儿园、学校或者其他教育机构应当承担侵权责任；但是，能够证明尽到教育、管理职责的，不承担侵权责任。"这显然是过错推定原则的规定。第一千二百条规定："限制民事行为能力人在学校或者其他教育机构学习、生活期间受到人身损害，学校或者其他教育机构未尽到教育、管理职责的，应当承担侵权责任。"这又是过错责任原则的规定。第一千二百零二条规定："因产品存在缺陷造成他人损害的，生产者应当承担侵权责任。"这是无过错责任原则的规定。

需要特别指出的是，无过错责任不等于结果责任，不是"动辄得咎"。《民法典》规定的无过错责任不少，但各种无过错责任都有或多或少的免责或减轻责任抗辩事由。如第一千二百三十六条原则规定从事高度危险作业造成他人损害的，应当承担侵权责任。之后的第一千二百三十七条就民用核设施或者运入运出核设施的核材料发生核事故造成他人损害，规定战争、武装冲突、暴乱等情形或者受害人故意为免责事由。第一千二百三十八条规定民用航空器造成他人损害的，受害人故意为免责事由。第一千二百三十九条规定占有或者使用易燃、易爆、剧毒、高放射性、强腐蚀性、高致病性等高度危险物造成他人损害的，受害人故意、不可抗力为免责事由，被侵权人对损害的发生有重大过失为减责事由。第一千二百四十条有关从事高空、高压、地下挖掘活动或者使用高速轨道运输工具造成他人损害免责和减责事由的规定与第一千二百三十九条规定一样。

二 侵权损害赔偿责任的判断

在现代社会，各类事故频发，我们有时是受害者，有时是加害者。作为受害者，总觉得别人应当承担责任，但又怕别人不承担责任；作为加害者，生怕承担责任，尤其是过重的赔偿责任。

侵权损害赔偿责任的确类型繁多、责任规定各异。民法典在规定侵权损害赔偿的一般规则之后，又对监护人责任、用人单位责任、网络侵权责任、教育机构责任、产品责任、机动车交通事故责任、医疗损害责任、环境污染责任、高度危险责任、饲养动物损害责任、建筑物和物件损害责任等专门作了规定。

法律规定的确复杂，但万变不离其宗，可通过以下几步判断侵权损害赔偿责任是否成立。

第一步，看是否有损害，且损害是不是加害人造成的，也就是说损害和加害人的行为之间是否存在因果关系。一般情况下，要让加害人承担损害赔偿责任，受害人得证明有损害存在，且损害是由加害人造成的，也就是损害和因果关系是否存在均由受害人承担举证责任。当然，因果关系的证明责任也有例外，比如《民法典》第一千二百三十条规定："因污染环境、破坏生态发生纠纷，行为人应当就法律规定的不承担责任或者减轻责任的情形及其行为与损害之间不存在因果关系承担举证责任。"之所以作出这样的特殊规定,是因为环境污染致损情形因果关系很难判断,有时需借助专业机构检测鉴定,这是一般受害人很难承担的。需要指出的是,这里讲的因果关系不是事实上的因果关系,而是法律上的因果关系,一般称之为相当因果关系。即只有损害的行为和受损害结果之间的联系达到一般观念中相当的程度,方可认定该损害与行为之间存在因果关系。比如,2017年发生在河南郑州的电梯内劝阻吸烟案,一审法院认为双方都无过错,根据公平原则判决由被告(劝阻者)分担1.5万元的损失。判决后,被告尽管不服,但没有上诉,而原告认为补偿太少提起了上诉。结果二审法院以劝说不要吸烟行为与受害人犯心脏病死亡的损害之间没有法律所要求的相当因果关系,从而判决原告败诉,驳回了原告的上诉。

第二步,看民法典是否对它有专门规定,如果有专门规定,就对照规定条文寻找答案。比如,野生动物园老虎咬人事件,就应当对照《民法典》"饲养动物损害责任"的规定,从中很容易发现该适用的条文,即动物园的动物造成他人损害的,动物园应当承担侵权责任;但是,能够证明尽到管理职责的,不承担侵权责任。

第三步,如果民法典对该类型侵权责任没有特殊规定,看加害人是否有过错。侵权责任的主要形态是过错责任,除非法律有特殊规定。一般情况下,加害人只对他的过错行为向受害人承担损害赔偿责任。而过错的判断主要看加害人是否违法,是否违反了一般人的注意义务。一个基本的方法是看加害人能否预见、避免损害的发生。当然,这里还有一个平衡问题。比如,某小区在人行道旁边建了一个小型篮球场,经常有小孩子打篮球,如果没有任何围栏导致篮球伤了路人,篮球场的修建者当然有过错，因为，这是可以预见的，也是可以预防的。假如篮球场的修建者建了3米高的围栏，但一个调皮的男孩子故意把篮球扔出去伤了路人，这时就不能认为篮球场的修建者有过错了。或许有人认为，如果你把围栏加高到四五米，就不会发生类似伤害。但问题是，法律是平衡的艺术，法律规定在追求公平的同时也讲效率，法律不能给某一方规定过重的责任。

第四步，看加害人是否有抗辩事由。主要的抗辩事由有行使职权行为、不可抗力、正当防卫、紧急避险、受害人同意、受害人有过错等。比如，城管部门拆除违法建筑、公安部门捉拿犯罪嫌疑人，不可避免地会造成他人人身或财产损害，但这是行使职权行为，只要损害未超过必要限度即不用承担责任。再比如，民法典实施后发生的羽毛球击伤对方球员眼睛案中，法院以受害人自甘冒险认定加害人不用赔偿，而文体活动中的自甘冒险本质上就是文体活动参与者默示同意一定限度的风险。[①]

需要指出的是，以上几个判断步骤是前后相继的，如果第一步判断的结果是不存在损害或因果关系，责任就当然不成立，就没有进一步判断的必要。之后的判断同样如此。此外，需要特别提醒的是，一般情况下不可抗力是加害人不承担责任的抗辩事由，但在特殊侵权，甚至不同的特殊侵权，关于不可抗力的规定都不一样，需要根据具体侵权类型判定。比如，民用核设施发生核事故造成他人损害或者民用航空器造成他人损害的，民法典并未明确规定核事故和民用航空事故是由不可抗力造成的，可以免除责任人的责任。

---

① 本书第二讲有该案例的详细介绍。

三 侵权损害赔偿的范围

（一）人身损害赔偿

侵害他人造成人身损害的，应当赔偿医疗费、护理费、交通费、营养费、住院伙食补助费等为治疗和康复支出的合理费用，以及因误工减少的收入。造成残疾的，还应当赔偿辅助器具费和残疾赔偿金；造成死亡的，还应当赔偿丧葬费和死亡赔偿金。因同一侵权行为造成多人死亡的，可以以相同数额确定死亡赔偿金。

被侵权人死亡的，其近亲属有权请求侵权人承担侵权责任。被侵权人为组织，该组织分立、合并的，承继权利的组织有权请求侵权人承担侵权责任。支付被侵权人医疗费、丧葬费等合理费用的人有权请求侵权人赔偿费用，但是侵权人已经支付该费用的除外。

侵害他人人身权益造成财产损失的，按照被侵权人因此受到的损失或者侵权人因此获得的利益赔偿；被侵权人因此受到的损失以及侵权人因此获得的利益难以确定，被侵权人和侵权人就赔偿数额协商不一致，向人民法院提起诉讼的，由人民法院根据实际情况确定赔偿数额。

侵害自然人人身权益造成严重精神损害的，被侵权人有权请求精神损害赔偿。因故意或者重大过失侵害自然人具有人身意义的特定物造成严重精神损害的，被侵权人有权请求精神损害赔偿。

值得注意的是，2022年4月24日，《最高人民法院关于修改〈最高人民法院关于审理人身损害赔偿案件适用法律若干问题的解释〉的决定》发布，残疾赔偿金、死亡赔偿金等城乡二元赔偿标准造成的"同命不同价"将成为历史，自从2022年5月1日起，人身损害的残疾赔偿金、死亡赔偿金、被扶养人生活费等统一按照城镇居民人均可支配收入、人均消费支出标准计算。

（二）财产损害赔偿

侵害他人财产的，财产损失按照损失发生时的市场价格或者其他合理方式计算。

一般情况下，赔偿以损失为限，但民法典规定了特殊情形的惩罚性赔偿。如故意侵害他人知识产权，情节严重的，被侵权人有权请求相应的惩罚性赔偿；侵权人违反法律规定故意污染环境、破坏生态造成严重后果的，被侵权人有权请求相应的惩罚性赔偿；明知产品存在缺陷仍然生产、销售，或者没有依据前条规定采取有效补救措施，造成他人死亡或者健康严重损害的，被侵权人有权请求相应的惩罚性赔偿。在全国首例适用民法典污染环境惩罚性赔偿条款判决的案件中，被告某化工公司雇请他人将1000多吨硫酸钠废液非法倾倒至某村，导致当地村民饮用水源受到污染，法院根据相关鉴定意见判决被告承担环境修复费用、环境功能性损失费用、环境污染惩罚性赔偿款等共计300多万元。

受害人和行为人对损害的发生都没有过错的，依照法律的规定由双方分担损失。损害发生后，当事人可以协商赔偿费用的支付方式。协商不一致的，赔偿费用应当一次性支付；一次性支付确有困难的，可以分期支付，但是被侵权人有权请求提供相应的担保。

四 特殊侵权责任类型

侵权行为有一般侵权行为与特殊侵权行为之分。真正侵害行为人自己仅负单纯的过错责任的，为一般侵权行为；所负责任非为单纯的过错责任，或者最终负责任的非为真正侵害行为人等的，则为特殊侵权行为。下面简单介绍一些特殊侵权行为。

（一）职务侵权

职务侵权，是指企业、事业单位和社会团体等法人的工作人员在执行职务中实施的侵权行为。职务侵权行为仍然为过错责任，只不过在赔偿损害时，先由工作人员所在的法人承担。劳务派遣期间，被派遣的工作人员因执行工作任务造成他人损害的，由接受劳务派遣的用工单位承担侵权责任；劳务派遣单位有过错的，承担相应的补充责任。至于法人赔偿后向有过错的工作人员的追偿，则为另一法律关系。

（二）监护侵权

无行为能力人或限制行为能力人实施的侵权行为或加害行为，以其财产或由其监护人的财产负赔偿责任。监护侵权行为的责任由监护人承担，但如果被监护人有财产的，则由其本人负责。本人财产不足的，由监护人负补充责任。监护人尽到监护责任的，可以减轻其侵权责任。

（三）网络侵权

除非法律另有规定，网络用户、网络服务提供者利用网络侵害他人民事权益的，应当承担侵权责任。

网络用户利用网络服务实施侵权行为的，权利人有权通知网络服务提供者采取删除、屏蔽、断开链接等必要措施。通知应当包括构成侵权的初步证据及权利人的真实身份信息。网络服务提供者接到通知后，应当及时将该通知转送相关网络用户，并根据构成侵权的初步证据和服务类型采取必要措施；未及时采取必要措施的，对损害的扩大部分与该网络用户承担连带责任。权利人因错误通知造成网络用户或者网络服务提供者损害的，应当承担侵权责任。网络用户接到转送的通知后，可以向网络服务提供者提交不存在侵权行为的声明，声明应当包括不存在侵权行为的初步证据及网络用户的真实身份信息。网络服务提供者接到声明后，应当将该声明转送发出通知的权利人，并告知其可以向有关部门投诉或者向人民法院提起诉讼。网络服务提供者在转送声明到达权利人后的合理期限内，未收到权利人已经投诉或者提起诉讼通知的，应当及时终止所采取的措施。网络服务提供者知道或者应当知道网络用户利用其网络服务侵害他人民事权益，未采取必要措施的，与该网络用户承担连带责任。

（四）校园事故侵权

无行为能力人在幼儿园、学校或者其他教育机构学习、生活期间受到人身损害的，幼儿园、学校或者其他教育机构应当承担过错推定责任。限制行为能力人在学校或者其他教育机构学习、生活期间受到人身损害的，学校或者其他教育机构承担过错责任。

但是，无行为能力人或者限制民事行为能力人在上述机构学习、生活期间，受到幼儿园、学校或者其他教育机构以外的第三人人身损害的，由第三人承担侵权责任；幼儿园、学校或者其他教育机构未尽到管理职责的，承担相应的补充责任。幼儿园、学校或者其他教育机构承担补充责任后，可以向第三人追偿。

（五）产品侵权

产品侵权，是指产品缺陷致人损害的侵权责任。产品侵权责任的责任承担者包括生产者、销售者以及运输者、仓储者等。

对于消费者的损害，生产者承担的是无过错责任，销售者承担的是过错责任，但销售者不能指明缺陷产品的生产者也不能指明缺陷产品的供货者的，销售者应当承担侵权责任。运输者、仓储者等第三人承担的是过错责任。不过，因产品存在缺陷造成损害的，被侵权人可以向产品的生产者请求赔偿，也可以向产品的销售者请求赔偿。产品缺陷由生产者造成的，销售者赔偿后，有权向生产者追偿。因销售者的过错使产品存在缺陷的，生产者赔偿后，有权向销售者追偿。

产品投入流通后发现存在缺陷的，生产者、销售者应当及时采取停止销售、警示、召回等补救措施；未及时采取补救措施或者补救措施不力造成损害扩大的，对扩大的损害也应当承担侵权责任。采取召回措施的，生产者、销售者应当负担被侵权人因此支出的必要费用。明知产品存在缺陷仍然生产、销售，或者没有采取停止销售、警示、召回等有效补救措施，造成他人死亡或者健康严重损害的，被侵权人有权请求相应的惩罚性赔偿。

（六）机动车侵权

我国实行交强险制度，对机动车第三者责任强制保险责任限额范围内（20万元，其中死亡伤残赔偿限额为18万元，医疗费用赔偿限额为1.8万元，财产损失赔偿限额为0.2万元）的损害，由保险公司赔偿；保险赔偿不足的部分，机动车之间的交通事故，根据各自过错的大小承担相应的责任，而机动车与非机动车驾驶人、行人之间的交通事故，由机动车一方承担赔偿责任，但有证据证明非机动车驾驶人、行人有过错的，根据过错程度适当减轻机动车一方的赔偿责任；机动车一方没有过错的，承担不超过10%的赔偿责任。当然，如果交通事故的损失是由非机动车驾驶人、行人故意碰撞机动车造成的，机动车一方不承担赔偿责任。

租赁、借用机动车发生交通事故，交强险赔偿范围之外的机动车一方的损害赔偿责任由机动车使用人承担；机动车所有人对损害的发生有过错的，承担相应的赔偿责任。

以买卖等方式转让并交付但未办理所有权转移登记的机动车发生交通事故，交强险赔偿范围之外的机动车一方的损害赔偿责任由受让人承担。

以挂靠形式从事道路运输经营活动的机动车，发生交通事故造成损害，属于该机动车一方责任的，由挂靠人和被挂靠人承担连带责任。

盗窃、抢劫或者抢夺的机动车发生交通事故造成损害的，由盗窃人、抢劫人或者抢夺人承担赔偿责任；盗窃人、抢劫人或者抢夺人与机动车使用人不是同一人，发生交通事故造成损害，属于该机动车一方责任的，由盗窃人、抢劫人或者抢夺人与机动车使用人承担连带责任。

机动车发生交通事故造成损害，属于该机动车一方责任的，先由承保机动车强制保险的保险人在强制保险责任限额范围内予以赔偿；不足部分，由承保机动车商业保险的保险人按照保险合同的约定予以赔偿；仍然不足或者没有投保机动车商业保险的，由侵权人赔偿。

机动车驾驶人发生交通事故后逃逸，该机动车参加强制保险的，由保险人在机动车强制保险责任限额范围内予以赔偿；机动车不明、该机动车未参加强制保险或者抢救费用超过机动车强制保险责任限额，需要支付被侵权人人身伤亡的抢救、丧葬等费用的，由道路交通事故社会救助基金垫付。道路交通事故社会救助基金垫付后，其管理机构有权向交通事故责任人追偿。

非营运机动车发生交通事故造成无偿搭乘人损害，属于该机动车一方责任的，应当减轻其赔偿责任，但是机动车使用人有故意或者重大过失的除外。

（七）医疗侵权

医疗侵权一般为过错责任，即一般情况下，患者在诊疗活动中受到损害，医疗机构或者其医务人员有过错的，由医疗机构承担赔偿责任。但是，医疗机构存在违反法律、行政法规、规章以及其他有关诊疗规范的规定，隐匿或者拒绝提供与纠纷有关的病历资料，遗失、伪造、篡改或者违法销毁病历资料等行为的，推定医疗机构有过错。

医务人员在诊疗活动中应当向患者说明病情和医疗措施。需要实施手术、特殊检查、特殊治疗的，医务人员应当及时向患者具体说明医疗风险、替代医疗方案等情况，并取得其明确同意；不能或者不宜向患者说明的，应当向患者的近亲属说明，并取得其明确同意。但因抢救生命垂危的患者等紧急情况，不能取得患者或者其近亲属意见的，经医疗机构负责人或者授权的负责人批准，可以立即实施相应的医疗措施。

因药品、消毒产品、医疗器械的缺陷，或者输入不合格的血液造成患者损害的，患者可以向药品上市许可持有人、生产者、血液提供机构请求赔偿，也可以向医疗机构请求赔偿。患者向医疗机构请求赔偿的，医疗机构赔偿后，有权向负有责任的药品上市许可持有人、生产者、血液提供机构追偿。

患者在诊疗活动中受到损害，有下列情形之一的，医疗机构不承担赔偿责任：（1）患者或者其近亲属不配合医疗机构进行符合诊疗规范的诊疗（医疗机构或者其医务人员也有过错的，应当承担相应的赔偿责任）；（2）医务人员在抢救生命垂危的患者等紧急情况下已经尽到合理诊疗义务；（3）限于当时的医疗水平难以诊疗。

（八）环境污染和生态破坏侵权

环境污染和生态破坏责任为无过错责任。因污染环境、破坏生态发生纠纷，行为人应当就法律规定的不承担责任或者减轻责任的情形及其行为与损害之间不存在因果关系承担举证责任。

两个以上侵权人污染环境、破坏生态的，承担责任的大小，根据污染物的种类、浓度、排放量，破坏生态的方式、范围、程度，以及行为对损害后果所起的作用等因素确定。

侵权人违反法律规定故意污染环境、破坏生态造成严重后果的，被侵权人有权请求相应的惩罚性赔偿。

因第三人的过错污染环境、破坏生态的,被侵权人可以向侵权人请求赔偿,也可以向第三人请求赔偿。侵权人赔偿后,有权向第三人追偿。

违反国家规定造成生态环境损害,生态环境能够修复的,国家规定的机关或者法律规定的组织有权请求侵权人在合理期限内承担修复责任。侵权人在期限内未修复的,国家规定的机关或者法律规定的组织可以自行或者委托他人进行修复,所需费用由侵权人负担。

违反国家规定造成生态环境损害的,国家规定的机关或者法律规定的组织有权请求侵权人赔偿下列损失和费用:(1)生态环境受到损害至修复完成期间服务功能丧失导致的损失;(2)生态环境功能永久性损害造成的损失;(3)生态环境损害调查、鉴定评估等费用;(4)清除污染、修复生态环境的费用;(5)防止损害的发生和扩大所支出的合理费用。

(九)高度危险作业侵权

高度危险作业包括民用核设施(包括运入运出核设施的核材料)、民用航空器等的运行,使用易燃、易爆、剧毒、高放射性、强腐蚀性、高致病性等高度危险物,从事高空、高压、地下挖掘活动或者使用高速轨道运输工具。

高度危险作业侵权责任为无过错责任,除了受害人故意这一共同的免责事由以外,各种不同的高度危险作业的免责或减责事由并不相同。如民用核设施的侵权中,只有战争、武装冲突、暴乱等少数的不可抗力可以免责;民用航空器侵权中,不可抗力不是免责事由;易燃、易爆、剧毒、高放射性、强腐蚀性、高致病性等高度危险物造成他人损害的侵权责任中，不可抗力可以免责，被侵权人的重大过失可以减轻占有人或者使用人的责任；高空、高压、地下挖掘活动或者使用高速轨道运输工具的侵权责任中，不仅不可抗力可以免责，而且只要被侵权人对损害的发生有重大过失，就可以减轻经营者的责任。

承担高度危险责任，法律规定赔偿限额的，依照其规定，但是行为人有故意或者重大过失的除外。

（十）饲养动物侵权

饲养的动物造成他人损害的，动物饲养人或者管理人应当承担侵权责任，但能够证明损害是因被侵权人故意或者重大过失造成的，可以不承担或者减轻责任。违反管理规定，未对动物采取安全措施造成他人损害的，动物饲养人或者管理人应当承担侵权责任；但是，能够证明损害是因被侵权人故意造成的，可以减轻责任。禁止饲养的烈性犬等危险动物造成他人损害的，动物饲养人或者管理人应当承担侵权责任。动物园的动物造成他人损害的，动物园应当承担侵权责任，但能够证明尽到管理职责的，不承担侵权责任。遗弃、逃逸的动物在遗弃、逃逸期间造成他人损害的，由动物原饲养人或者管理人承担侵权责任。

下面是八达岭野生动物世界老虎伤人案[①]，通过该案我们一起了解侵权损害赔偿责任的认定及其侵权责任与违约责任同时构成时权利人该如何选择。

2016年7月23日，延庆区北京八达岭野生动物世界有限公司（以

---

① 本案例根据2016年7月26日澎湃新闻、8月24日央视新闻、8月27日《北京青年报》、11月23日《新京报》等报道编写。

下简称八达岭野生动物世界）发生一起东北虎伤人事件，造成1死1伤，八达岭野生动物世界暂停营业。同年8月24日，"7·23"东北虎致游客伤亡事故调查组作出该事件的调查报告，报告认定造成此次事件的原因：一是赵某未遵守八达岭野生动物世界猛兽区严禁下车的规定，对园区相关管理人员和其他游客的警示未予理会，擅自下车，导致其被虎攻击受伤。二是周某见女儿被虎拖走后，救女心切，未遵守八达岭野生动物世界猛兽区严禁下车的规定，施救措施不当，导致其被虎攻击死亡。报告认为，八达岭野生动物世界在事发前进行了口头告知，发放了"六严禁"告知单，与赵某签订了《自驾车入园游览车损责任协议书》，猛兽区游览沿途设置了明显的警示牌和指示牌，事发后工作开展有序，及时进行了现场处置和救援。结合原因分析，调查组认定"7·23"东北虎致游客伤亡事件不属于生产安全责任事故。

8月25日，八达岭野生动物世界重新营业，与出事前一样，自驾游览动物园的游客要与园方签订一份协议书，但较之前增加了游客自驾限速、园方责任义务等方面的内容。出事前的《自驾车入园游览车损责任协议书》显示，进入园区的自驾车进入猛兽区必须关好、锁好车门窗，禁止投食，严禁下车，其余多为车辆在行驶中的一些约束。而新的《自驾车入园游览协议书》将协议分为十二项内容，除旧协议书有的上述内容外，还规定了自驾游园的收费标准，园方应履行的相关安全管理责任义务，包括在园区内设置明显通行警示标志、在猛兽区配置安全巡逻车等。新协议中，有三个条款被画下划线并加粗，包括游客自驾游览猛兽区时必须关闭车门锁、严禁离开自驾车辆和开窗、园区电话等内容。

11月，死伤者家属向延庆法院提起侵权诉讼，死者周某的三名亲人作为原告，向动物园索赔丧葬费、死亡赔偿金、被抚养人生活费、精神损害赔偿金近125万元，赵某则提出了31万余元赔偿，包括医疗整形费、误工费、住院伙食补助费、营养费、护理费、精神损失费、残疾赔偿金、被抚养人生活费。原告认为，家人误判过了猛兽区而下车有一定过错，但作为经营者的动物园管理方过错明显更大，应当对损害结果承担大部分责任。11月15日，延庆法院受理此案。

　　本案是一起典型的违约责任和侵权责任竞合（即两种责任可同时成立）案件。不管本案中的八达岭野生动物世界最终是否承担责任，本案的原告既可以基于被告违约提起诉讼，也可以基于被告侵权提起诉讼。因为，本案的事故受害人与八达岭野生动物世界之间因为购票、签署协议等行为产生合同关系，所以根据合同约定，八达岭野生动物世界有安全保障义务，在造成1死1伤后果的情况下，原告有权提起违约诉讼，至于八达岭野生动物世界是否已经尽到安全保障义务，则属法院审查范围。此外，八达岭野生动物世界饲养的老虎造成1死1伤的后果，死者家属和伤者当然有权以生命权、健康权受侵害为由起诉八达岭野生动物世界构成侵权。在原告既可以主张违约责任，也可以主张侵权责任的情形下，原告就有权在这二者中进行有利于自己的选择。一般来讲，原告主张违约责任的举证责任负担较轻，但赔偿范围会小一些，主要表现在很难获得精神损害赔偿，而主张侵权责任正好相反。但在饲养的野生动物侵权的场合，由于侵权责任法规定此时八达岭野生动物世界应当承担举证证明自己已经尽到管理职责，也就是说法律将一般侵权情形本应由原告承担的举证责任规定由被告承担（这叫举证责任倒置），从而大大减轻了原告的举证负担，加之原告主张侵权责任可以请求精神损害赔偿，所以本案的原告选择了有利于自己的侵权诉讼。

关于本案的责任认定，学者、律师有不同看法：有主张被告没有完全尽到管理职责，因而不能免责的；也有主张被告已经尽到管理职责，因而无须承担赔偿责任的。至于造成分歧的原因，主要在于对事实的认定是否能够推导出被告已经尽到安全保障义务。需要重点指出的是，《民法典》第九百九十六条规定，因当事人一方的违约行为，损害对方人格权并造成严重精神损害，受损害方选择请求其承担违约责任的，不影响受损害方请求精神损害赔偿。第四百九十六条第二款规定，采用格式条款订立合同的，提供格式条款的一方应当遵循公平原则确定当事人之间的权利和义务，并采取合理的方式提示对方注意免除或者减轻其责任等与对方有重大利害关系的条款，按照对方的要求，对该条款予以说明。提供格式条款的一方未履行提示或者说明义务，致使对方没有注意或者理解与其有重大利害关系的条款的，对方可以主张该条款不成为合同的内容。根据第四百九十七条规定，如果存在提供格式条款一方不合理地免除或者减轻其责任、加重对方责任、限制对方主要权利，或者提供格式条款一方排除对方主要权利等情形，该格式条款无效。第四百九十八条规定，对格式条款的理解发生争议的，应当按照通常理解予以解释。对格式条款有两种以上解释的，应当作出不利于提供格式条款一方的解释。格式条款和非格式条款不一致的，应当采用非格式条款。鉴于消费者往往因为合同复杂、不易理解，时间紧张等原因不会认真阅读合同条款的现实，类似被告的格式合同提供者应当对合同中影响消费者权益的重要条款给予明确提示。八达岭野生动物世界在该事件发生后能够总结经验教训，在新协议中对一些重要条款通过画下划线并加粗的方式给予明确提示，一方面是对消费者负责的举动，另一方面也是有效分散自己风险的举措。在现代市场经济中，契约是当事人安排自己事务的有效手段，国家机关、社会组织和企业等，应当重视契约、善用契约。

（十一）建筑物和物件侵权

建筑物、构筑物或者其他设施倒塌、塌陷造成他人损害的，由建设单位与施工单位承担连带责任，但是建设单位与施工单位能够证明不存在质量缺陷的除外。建设单位、施工单位赔偿后，有其他责任人的，有权向其他责任人追偿。因所有人、管理人、使用人或者第三人的原因，建筑物、构筑物或者其他设施倒塌、塌陷造成他人损害的，由所有人、管理人、使用人或者第三人承担侵权责任。

建筑物、构筑物或者其他设施及其搁置物、悬挂物发生脱落、坠落造成他人损害，所有人、管理人或者使用人不能证明自己没有过错的，应当承担侵权责任。所有人、管理人或者使用人赔偿后，有其他责任人的，有权向其他责任人追偿。

禁止从建筑物中抛掷物品。从建筑物中抛掷物品或者从建筑物上坠落的物品造成他人损害的，由侵权人依法承担侵权责任；公安等机关应当依法及时调查，查清责任人；经调查难以确定具体侵权人的，除能够证明自己不是侵权人的外，由可能加害的建筑物使用人给予补偿。可能加害的建筑物使用人补偿后，有权向侵权人追偿。物业服务企业等建筑物管理人应当采取必要的安全保障措施防止前述情形的发生；未采取必要的安全保障措施的，应当依法承担未履行安全保障义务的侵权责任。

堆放物倒塌、滚落或者滑落造成他人损害，堆放人不能证明自己没有过错的，应当承担侵权责任。

在公共道路上堆放、倾倒、遗撒妨碍通行的物品造成他人损害的，由行为人承担侵权责任。公共道路管理人不能证明已经尽到清理、防护、警示等义务的，应当承担相应的责任。

因林木折断、倾倒或者果实坠落等造成他人损害，林木的所有人或者管理人不能证明自己没有过错的，应当承担侵权责任。

在公共场所或者道路上挖掘、修缮安装地下设施等造成他人损害，施工人不能证明已经设置明显标志和采取安全措施的，应当承担侵权责任。窨井等地下设施造成他人损害，管理人不能证明尽到管理职责的，应当承担侵权责任。

民法典规定的
时间制度

第九讲
CHAPTER 9

我们常说"时间是生命""时间是金钱",其实,时间的经过不仅可以挽救生命、创造财富,还可能减轻或免除责任,使权利丧失"生命"或者不再受法院的保护。

一 从历史上相关制度看时间对于责任追究的意义

中国古代有保辜制度,伤害案件发生后,如果被害人没有当下死亡,加害人在法定期限内积极救助被害人,保证被害人不出现更为严重的伤害后果。在这种情况下,如果被害人在法定期限内死亡的,对加害人以杀人罪论处,被害人在法定期限内没有死亡,或者是因为其他原因死亡以及在法定的期限外死亡的,就以伤害罪论处。保辜制度表明,时间的经过对罪行的轻重有重要意义。

古罗马《儒里亚法》规定通奸罪经过5年不再追究。以后罗马法又规定,侵犯个人利益的犯罪经过1年不再追究,侵犯社会利益的犯罪经过5年不再追究,侵犯国家利益的犯罪经过20年不再追究。但极其重要的犯罪除外。

日本在17至19世纪的江户时代出现了"旧恶"制度,除了严重犯罪外,过了一定期限的"旧恶"一笔勾销、不再追究。

若干年前,美国华盛顿州野生动物管理局收到一位名叫罗伊的人的来信。他在信中说,在1967—1970年,他非法猎杀了3只白尾鹿。随着生命接近尽头,他的内心也越来越难以平静,赶在临终前,主动向野生动物管理局坦白自己的罪行,并愿意接受惩罚。管理局的官员收到信后,立即与罗伊取得了联系,并告诉罗伊,非法猎杀白尾鹿的确有罪，但该罪的时效已过，他不会因此受罚。

今天，我国的刑法针对不同严重程度的犯罪规定了不追究刑事责任的不同期限，这叫追诉时效，比如很轻的犯罪经过5年不再追究；行政处罚法也规定了违法行为经过一定期限后不再处罚，这叫处罚时效，比如，一般的偷鸡摸狗的违法行为2年没有发现的，不再追究。而民法典规定了权利保护的诉讼时效。

为什么经过一定期限后，违法甚至犯罪可能不再追究，享有的权利可能得不到法律的保护？对于违法犯罪而言，生活经验和科学研究告诉我们，没有人能够不受时间限制持续地维持自己曾经体验到的愉悦和悲伤，由违法行为引起的印象在经过一段时间之后便会淡化，为其他的印象所覆盖并最终消逝；受到不法侵害的被害人及其亲属的复仇欲望逐渐会被接受现实的情感所取代，此时旧事重提所造成的痛楚更甚于沉默地原谅；在违法犯罪实施一段时间之后，行为人自己也会认为相应的罪行已经成为旧日往事。对于权利保护来说，权利如果不积极主张，在普通人的观念中就意味着没有必要给予保护。正如法律谚语所讲"法律帮助勤勉人，不帮睡眠人"。

我们常说"有权不使，过期作废"，这里的"权"当然不是民事权利。只是，有些民事权利真有"保质期"，而不是像白酒那样，年份越久越香。实践中，有不少人就是因为不了解或者不重视民法的时间规定，导致权利过期作废或者无法得到法律的保护。

民法典有关时间的规定不少，最值得我们老百姓关注的有三点，分别是诉讼时效、除斥期间和期间的计算。下面依次介绍。

二 诉讼时效

在实践中，可能会碰到这样的场景：我借给你10万元，约定半年内还，时间到了你没有还，碍于朋友情面我没好意思要，过了一年时间，你看见我了，说实在不好意思，现在手头紧，等以后有钱了一定尽快还。时间又过了一两年，我还是没好意思催，可是有一天，家里老人生病，急需一笔钱，于是我硬着头皮再次向你要，没想到你不接电话，人都找不见了。一气之下，我把你告到法院，你在咨询律师后得知，原来可以主张这笔债务已过民法典规定的3年诉讼时效，于是决定不还钱了。我很生气，也咨询律师，律师说你曾经答应过要还钱，这时诉讼时效中断，重新起算，因此诉讼时效还没有经过。但没想到，我在法庭上说你曾经答应过要还钱时，你矢口否认，要我拿出证据。的确，我没有证据，当时你就是当着我的面口头说的。既然我拿不出证据，法院就判我败诉，驳回了我的诉讼请求。对此，我只好自认倒霉。实践中，类似这样的场景不少，很多人刚开始基于朋友关系不好意思要，等好意思要时，没想到对方已经"好意思"不还了；或者不懂得通过发送书面正式函件催讨债款，只是电话催要、口头催要，或者相信对方电话、口头承诺还钱，没想到真正到法院后，连任何书面证据都拿不出，钱要不回来不说，还搭进去了诉讼费、律师费，白白耗费了时间和精力。

上述例子说明，诉讼时效就是权利受到侵害后，如果在法定期间内持续不行使权利，义务人就取得不履行义务的抗辩权。也就是说，诉讼时效经过的，你虽然有权向债务人提出请求，也有权向法院起诉，但债务人可以不履行，也可以在法院以诉讼时效经过为由予以抗辩，这就意味着你可能丧失"胜诉权"。之所以说可能丧失"胜诉权"，是因为如果义务人在法庭上不主张诉讼时效经过的抗辩，法院是不能主动适用诉讼时效规定判决原告败诉的。

关于诉讼时效，需要特别关注以下几点：

第一，并不是任何权利都适用诉讼时效。关于诉讼时效的适用对象，各国法律规定并不相同，日本法律规定适用于债权及除所有权外的财产权，德国民法和瑞士债务法规定适用于请求权，我国民法典规定诉讼时效仅适用于债权。《民法典》第一百九十六条规定，下列请求权不适用诉讼时效的规定：（1）请求停止侵害、排除妨碍、消除危险；（2）不动产物权和登记的动产物权的权利人请求返还财产；（3）请求支付抚养费、赡养费或者扶养费；（4）依法不适用诉讼时效的其他请求权。比如，你在小区公共绿地私搭乱建已有5年多，业主委员会请求拆除，你不能抗辩说已经超过3年诉讼时效了。孩子让父母支付扶养费、老人让子女支付赡养费，你不能说诉讼时效经过了就不支付。曾经有个案例引起了广泛关注。案子的基本情况是：1992年张女士在深圳花了33万元买了一套144平方米的房子，购房后被调回香港工作，后来又去国外治病，直到2020年已经74岁的张女士才想起来，28年前自己在深圳买了一套房。当时房价已经涨到4万元/米^2，房产估价570余万元。可令她没有想到的是，当她委托的人找到房子时，房子已被装修，而且还住了林某一家人。这家人称房子是自己20多年前花了20多万元买的，装修也花了20多万元，只是没有任何证据。后来张女士办了房产证，要求这家人搬走。这家人能以超过20年为由拒绝搬走吗？

张女士能够在28年后顺利办理房产证，足以说明张女士对该房子有所有权，也说明这个房子以前就没有人办理过产权证。因此，林某不是房屋所有权人，张女士有权要求林某返还房屋，而且对于张女士的请求，林某不能以超过诉讼时效抗辩。2017年《民法总则》已经明确规定，不动产物权和登记的动产物权的权利人请求返还财产不适用诉讼时效的规定。民法典对此没有改变。这里需要注意的是，不适用诉讼时效规定的请求返还财产的权利，不动产物权不管是否已经登记，而动产物权只能是已经登记的。

第二，诉讼时效有一般诉讼时效、特殊诉讼时效和最长诉讼时效之分，最需要我们老百姓关注的是一般诉讼时效。《民法典》第一百八十八条规定，向人民法院请求保护民事权利的诉讼时效期间为3年。法律另有规定的，依照其规定。这里的3年即为一般诉讼时效期间。而法律另有规定的特殊诉讼时效依照其规定，比如民法典规定的因国际货物买卖合同和技术进出口合同争议提起诉讼或者申请仲裁的时效期间为4年；再比如《产品质量法》第四十五条规定因产品存在缺陷造成损害要求赔偿的诉讼时效期间为2年。

第三，一般诉讼时效和特殊诉讼时效从"知道或者应当知道权利受到损害以及义务人之日起计算"。简单讲，就是能够行使权利时起算。如果你连权利是否受到损害及向谁请求都不知道或不应当知道，就谈不上你不积极行使权利，当然不应起算时效。民法通则规定诉讼时效期间从知道或者应当知道权利被侵害时起计算，民法典规定诉讼时效期间自权利人知道或者应当知道权利受到损害以及义务人之日起计算。这一改变非常有利于保护权利人，因为如果不知道义务人，受害人无法提起诉讼保护自己的权利。值得强调的是，人身损害赔偿的诉讼时效，伤害明显的，从受伤害之日起计算，伤害当时未曾发现，后经检查确诊并能证明是由侵害引起的，从伤势确诊之日起算。未成年人遭受性侵害的损害赔偿请求权的诉讼时效期间，自受害人年满18周岁之日起计算，这样规定有利于未成年人保护。最长诉讼时效的时效期间为20年，这一时效实践中很少用到，因为，这一时效从权利被侵害之日起算，很少有权利被侵害20年还发现不了的。

第三，一般诉讼时效和特殊诉讼时效是个弹性期间，是可中止、中断的。我们说诉讼时效的主要目的是促使你尽快行使权利，以免在权利上睡觉，使民事权利义务关系处于不稳定状态，同时时间越久，越不利于举证，从而不利于纠纷解决。因此，只要不是权利人主观上不积极行使权利，诉讼时效就不应当经过。

诉讼时效的中止，是指在诉讼时效进行中，由于某种客观原因而使权利人无法行使请求权，暂时停止计算诉讼时效期间。比如，某人向我借钱5万元，约定好1个月内还，可如今已过2年半仍不见任何表示，我想起法律规定的诉讼时效期间是3年，马上打电话催要，可没想到电话是空号，四处找不见人。无奈之下，想到法院起诉，没想到疫情期间所在小区封闭管理，法院也暂时不立案。在这种情况下，诉讼时效期间暂时停止计算，等疫情结束可到法院立案时，诉讼时效继续计算，只是，为了给权利人比较充裕的时间主张权利，民法典规定自中止时效的原因消除之日起满六个月，诉讼时效期间届满。也就是说，即使原来剩余的时间不满六个月，也补足到六个月。诉讼时效中止只能发生在诉讼时效期间的最后六个月内，因为太早没有中止的必要。可能引起诉讼时效中止的客观原因包括不可抗力；无民事行为能力人或者限制民事行为能力人没有法定代理人，或者法定代理人死亡、丧失民事行为能力、丧失代理权；继承开始后未确定继承人或者遗产管理人；权利人被义务人或者其他人控制；等等。

诉讼时效的中断，指在诉讼时效进行中，因某种主观原因致使已经进行的诉讼时效期间全部归于无效，诉讼时效期间重新计算。诉讼时效的中断与中止不同，中止是临时停止，中止的事由是客观原因，等客观原因消灭后时效继续进行，而不是从头再来；中断则不是，中断已经经过的时效期间彻底不算数，重新计算，中断的事由不是客观的，而是主观的，如权利人向义务人提出履行请求，义务人同意履行义务，权利人提起诉讼或者申请仲裁。当然，中止和中断事由也有共性，即无论是客观原因的中止，还是主观原因的中断，本质上都不是权利人不积极主张权利，恰恰相反，要么是客观上无法行使，要么是主观上已经积极行使。需要说明的是，诉讼时效的中断可以多次进行，但最长不得超过法律规定的20年的最长诉讼时效。

第四，诉讼时效经过后，并不导致权利消灭，只是可能影响"胜诉权"。诉讼时效在国外也被称为消灭时效，是指权利受到侵害之人在法定期间内持续不行使其权利，义务人即取得永久性抗辩权的法律制度。换言之，诉讼时效已过的，请求权人虽有权向债务人提出请求，也有权向法院起诉，但债务人可以不履行，也可以在法院以诉讼时效经过为由予以抗辩，这就意味着，请求权人可能丧失"胜诉权"。也就是说，诉讼时效经过，并不导致权利人的权利消灭。因此，诉讼时效期间届满后，如果债务人已经自愿履行了，就不得请求返还；如果债务人同意履行的，不得以诉讼时效期间届满为由抗辩。如果债务人不履行，请求权人仍然可以向人民法院起诉，这时法院应予以受理。而且，法院受理案件后，如果债务人没有提出诉讼时效届满的抗辩的，人民法院不得主动适用诉讼时效的规定，即不得以原告的权利已经过了诉讼时效而驳回原告的诉讼请求，法院既不能提示债务人已过诉讼时效，也不能询问债务人是否主张诉讼时效的抗辩。但是，如果债务人提出诉讼时效届满抗辩的，法院应当判决驳回原告的诉讼请求。

第五，诉讼时效不得通过约定排除或改变。诉讼时效制度属于法律上的效力性强制性规定。当事人既不得通过约定排除诉讼时效制度的适用，也不得通过约定改变诉讼时效规范的具体内容，即使约定的，其约定也属无效。

最后，特别强调一下取得时效。其实，与诉讼时效并行的还有取得时效，是指自主、和平、公然占有他人的动产、不动产或其他财产权的事实状态经过一定的期限以后，即取得该所有权或其他财产权。取得时效制度最早始于古罗马法，与诉讼时效共同构成了传统民法上的时效制度。我国的民法通则、物权法、民法总则及民法典等民事法律均未规定取得时效制度，但实践中曾经一度认可取得时效。1989年7月5日，原国家土地管理局颁发的《关于确定土地权属问题的若干意见》规定："农民集体使用其他农民集体所有的土地，凡连续使用已满20年的，应视为现使用者所有；连续使用不满20年，或者虽满20年但在20年期满之前原所有者曾向现使用者或有关部门提出异议要求归还的，由县级人民政府根据具体情况确定土地所有权。"1992年最高人民法院在《关于国营老山林场与渭昔屯林木、土地纠纷如何处理的复函》中，正式确认了对地上权的取得时效。1995年3月30日原国家土地管理局发布的《确定土地所有权和使用权的若干规定》第三章第二十条，继承了《关于确定土地权属问题的若干意见》中有关取得时效的规定。《确定土地所有权和使用权的若干规定》限制在集体土地所有权之间可适用取得时效，对国有土地与集体土地所有权之间则无明文规定。取得时效制度的缺乏，对于我们解决目前比较突出的自然资源权属纠纷而言，少了一种好用的手段。实践中，自然资源权利的名义主体和实际行使主体不一致的现象并非个案，有些主体公然占有使用自然资源已有好几十年，如果再恢复为名义主体占有使用不现实，但如果继续维持名义主体和实际主体两张皮，既无法实现定分止争，也不利于自然资源的市场化利用。

三 除斥期间

所谓除斥期间，就是指某种权利法律规定的存续期间就那么长，在这个期间内不行使，期间届满该权利就消灭。这有点类似于"过了这个村就没这个店"。比如，你把房子出租给他人后，后来发现他未经你同意又转租给了他人，这时，本来你有权要求他撤销转租或者以违法转租为由解除合同，但你却没有管，直到半年后，发现市场上房租涨了，于是你想解除租赁合同，租个更高价，可不可以？民法典规定，出租人知道或者应当知道承租人转租，但是在6个月内未提出异议的，视为出租人同意转租。也就是说你的权利已经没有了。还比如，舅舅立遗嘱将他的宝马车送给外甥，舅舅去世后，外甥知道了遗嘱内容，可没有在60日内表示接受遗赠，也没有表示放弃遗赠，按照民法典规定，这种情况下视为外甥放弃受遗赠。其实，民法典的类似规定不少，结婚时一方隐瞒了重大疾病，结婚后发现的，有权撤销婚姻，只是应当在发现或应当发现之日起一年内撤销。他人捡到我遗失的照相机后卖给他人，我知道后若要追回照相机，应在两年内主张。你把汽车送给了邻居，但说好了他免费接送你上下班一年，没想到他接送半年后再也不接你的电话了，你若要撤销赠与，应在一年内行使。你的父亲把房子赠给了他的侄子，没想到他的侄子后来因其他矛盾杀害了你的父亲，你若要撤销赠与，只能在6个月内行使。你在订立合同后发现原来存在重大误解，那应当在90日内撤销。

除斥期间和诉讼时效的根本差别就在于权利本身是否因为一定时间的经过而消灭。在法律规定中，二者的表述方式也有很大不同。有关除斥期间的规定往往表现为权利消灭，而诉讼时效的规定不会规定权利消灭。有关除斥期间的规定，典型的如《民法典》第一百五十二条规定，有下列情形之一的，撤销权消灭：（1）当事人自知道或者应当知道撤销事由之日起一年内、重大误解的当事人自知道或者应当知道撤销事由之日起九十日内没有行使撤销权；（2）当事人受胁迫，自胁迫行为终止之日起一年内没有行使撤销权；（3）当事人知道撤销事由后明确表示或者以自己的行为表明放弃撤销权。另外，当事人自民事法律行为发生之日起五年内没有行使撤销权的，撤销权消灭。第四百六十二条第二款规定：占有人返还原物的请求权，自侵占发生之日起一年内未行使的，该请求权消灭。第五百四十一条规定，撤销权自债权人知道或者应当知道撤销事由之日起一年内行使。自债务人的行为发生之日起五年内没有行使撤销权的，该撤销权消灭。而有关诉讼时效的规定，典型的如《民法典》第一百八十八条第一款规定：向人民法院请求保护民事权利的诉讼时效期间为三年。法律另有规定的，依照其规定。

关于除斥期间的具体时间，除了前面介绍的60日、90日、半年、两年外，民法典规定的绝大多数除斥期间为一年。除斥期间的起算，一般以撤销权人知道或应当知道撤销事由时，或能够行使撤销权时，如受胁迫的，自胁迫行为终止时。如果当事人自民事法律行为发生之日起五年内没有行使撤销权的，撤销权消灭。

需要注意的是，除斥期间为不变期间，是死的期间，不像诉讼时效一样有中断、中止和延长的可能。

有这样一个案例。[①] 2015年8月15日，张某与某房地产开发公司签订预售合同（合同文本由开发公司提供），约定除不可抗力外，2015年12月31日前交房。同时合同补充条款又约定：2015年12月31日前将该房屋交付，除不可抗力及其他出卖方难以预计的客观情况外，客观情况包括但不限于非因出卖方原因导致的以下情况：供水、供电、煤气、排水、通信、网络、道路等公共配套设施的延误、规划调整导致的工程推延、政府政策变化等。还约定，本合同所指不可抗力的范围包括自然灾害、动乱、恶劣天气、政府行为、因市政配套的批准与安装、重大工程技术难题以及其他无法预见、无法避免或控制、无法克服的事件和情况等。2016年7月1日，开发公司交房。之后，张某以开发公司延迟交房为由诉请支付违约金，但开发公司认为施工过程中出现的小区沿河道路和煤气配套公共管道安装和对接的问题，属于合同约定的"不可抗力"，因此，开发公司不属于逾期交房。经查，系争房屋所在小区的燃气管道外管工程于2015年3月23日由上海市奉贤区金汇镇人民政府与燃气公司签订合同，施工期限为90天，由于属地村民为管道建设用地和该小区配套道路建设等要求办理镇保，阻挠施工，

[①] 《最高人民法院公报案例（2019年第5期）》，鹤岗市向阳区法院网，http://hgxy.hljcourt.gov.cn/public/detail.php?id=1792。

该工程不能如期完成。2016年2月16日，上海市奉贤区金汇镇人民政府召开协调会进行协调，工程得以顺利进行。2016年4月20日，燃气管道外管工程竣工验收。2016年5月9日，燃气公司出具合格证明。2016年6月2日，开发公司取得上海市建设工程规划验收合格证。2016年7月1日，开发公司取得上海市新建住宅交付使用许可证。本案合同中有关开发公司免责的约定有效吗？法院生效裁决认为，系争责任限制条款属于开发公司事先拟定，并在房屋销售中重复使用的条款，属于格式条款。系争责任限制条款使用了小号字体，而且根据当事人陈述的签约过程分析，开发公司并未采取足以引起注意的方式对该条款予以说明。根据《最高人民法院关于适用〈中华人民共和国合同法〉若干问题的解释（二）》第九条规定，提供格式条款的一方当事人违反《合同法》第三十九条第一款关于提示和说明义务的规定，导致对方没有注意免除或者限制其责任的条款，对方当事人申请撤销该格式条款的，人民法院应当支持。系争责任限制条款虽然以列举免责事项的方式限制了逾期交房违约责任的范围，但并未绝对免除开发公司的违约责任。根据上述法律规定，系争责任限制条款属于可撤销的格式条款，而非绝对无效之格式条款，因张某在法定的一年除斥期间内并未申请撤销该条款，故该条款仍属有效。不过开发公司主张"煤气、道路公共配套设施"为"难以预计""无法预见"并无正当理由，此类事项不属于法定可免责的"不可抗力"范畴。根据诚信原则，法院判决开发公司支付张某逾期交房违约金3.2万余元。

值得注意的是，《民法典》为了保护消费者合法权益，进一步强化了对格式条款的规制，其第四百九十六条规定，采用格式条款订立合同的，提供格式条款的一方应当遵循公平原则确定当事人之间的权利和义务，并采取合理的方式提示对方注意免除或者减轻其责任等与对方有重大利害关系的条款，按照对方的要求，对该条款予以说明。提供格式条款的一方未履行提示或者说明义务，致使对方没有注意或者理解与其有重大利害关系的条款的，对方可以主张该条款不成为合同的内容。同时，第四百九十七条又规定，存在提供格式条款一方不合理地免除或者减轻其责任、加重对方责任、限制对方主要权利，或者提供格式条款一方排除对方主要权利等情形的，该格式条款无效。无论是"不成为合同的内容"，还是"格式条款无效"，显然让格式条款提供一方承担了比之前的可撤销更为严重的后果。

四 期间的计算

诉讼时效和除斥期间对权利影响很大，期间计算不对同样影响权利实现。比如租赁合同约定承租人迟延支付房租超过10日的，出租人有权解除合同，已交纳的保证金不退还，且需承担一个月租金的违约责任，如果承租人不懂得迟延10日的起算和到期规则，或者认为晚一天半天对方不可能计较，就可能招致严重后果。现实中真有卡着时间追究违约责任的案例。因为，租赁合同往往有3个月左右租金的押金，卡着时间解除合同，不仅可以没收租金，还可能追究其他违约责任，可能的收益不小。很多人可能觉得虽然合同有约定，但相信对方不至于那么严格执行合同。但在巨大的利益面前，一定记住，各种不可能都有可能。与其陷入被动，不如主动把控局面。况且在实践中，关于时间的规定或约定种类繁多，比如，有的为10日，有的为10个工作日，这显然不同。可以说，在民法，时间往往就是金钱，对权利的影响很大，但很多人对于时间的意义认识不足。

总的来看，民法上涉及时间的规定比较复杂。可能是一个点，如某日、某月或某年，也可能是一段，即期间，如从某年某月某日至某年某月某日。期间具体怎么计算呢？一是民法所称的期间按照公历年、月、日、小时计算，而不是阴历。二是按照日、月、年计算期间的，开始的当日不算入，从下一日开始计算。按照小时计算期间的，自法律规定或者当事人约定的时间开始计算。三是按照年、月计算期间的，到期月的对应日为期间的最后一日；没有对应日的，月末日为期间的最后一日。比如，8月31日签订的租赁合同，约定租期一个月，那到期日就是9月30日。四是期间的最后一日是法定休假日的，以法定休假日结束的次日为期间的最后一日。期间的最后一日的截止时间为二十四时；有业务时间的，停止业务活动的时间为截止时间。期间的最后一天是法定休假日，而法定休假日有变通的，以实际休假日的次日为期间的最后一天。五是以上是民法典规定的期间计算方法，如果法律另有规定或者当事人另有约定，则另当别论。六是民法所称的"以上""以下""以内""届满"，包括本数；所称的"不满""超过""以外"，不包括本数。因此，我们说不满8周岁的未成年人为无行为能力人，而不能说8周岁以下的未成年人为无行为能力人。

总之，民法有关时间的规定比较多。我们常说时间就是金钱，这在民法的确如此。我们或许无法记住那么多有关时间的规定，但我们一定要有时间意识，要有"有权不使，过期作废"的意识，要有不及时履行义务，可能招致严重后果的意识。千万不可躺在权利上睡大觉。